わたしの旅ブックス
043

アジア多情食堂

森まゆみ

産業編集センター

アジア多情食堂
目次

1 味な話

2　おとなりの国へあちこち

3　少し遠いアジアをめぐる

1　味な話

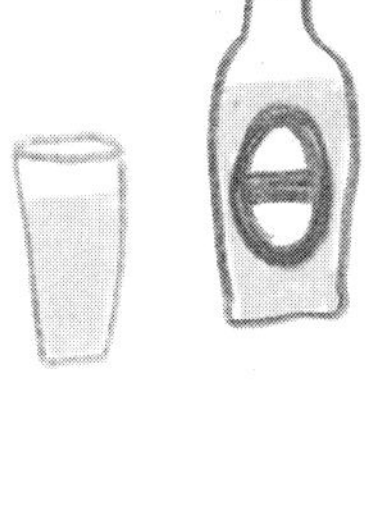

多情食堂

多情食堂。韓国で見たのか、こんな名前の食堂がほんとうにあるとは驚いた。写真に収めたが、字体も好きだ。韓国はおいしい国である。

最初に行ったのは一九七三年、十八歳の時、当時は朴正熙《パクチョンヒ》大統領のころ。

そしてそれは金大中《キムテジュン》氏が東京で拉致《らち》された夏だった。その夏、おいしいものに当たった記憶はない。ソウル郊外の学校に分宿して毎日、もっこ運び、道を造らされた。まだ田舎には冷蔵庫もなく、コーラを日だまりの水を張った桶に入れて売っていた。村の祭りで食べた三日月のような形の、餡の入ったお菓子がおいしかったくらい。

そのあと、何度か行った。どこへ行っても銀色の金属の椀にたくさんの辛い前菜が出てきて、あとは白いご飯があればいいとさえ思った。好き嫌いはほぼない。唯一降参したのは南の港町木浦《モッポ》で頼んだホンオチムである。ガンギエイを発酵させた鍋で、アンモニア臭がすごい。一口食べて一同、無理とわかり、隣の席の家族に「召し上がります？」と聞いた。そんなの失礼かも、と思ったが、同行の韓国人の女性写真家ミーヨンがいとも気軽にそう聞いたのである。家族はとても喜んで、鍋ごと引き取ってくれた。

代わりに私たちはナッチというイイダコのようなものが入った海鮮鍋を頼んだ。それはとてもおいしかった。でもミーヨンは「このナッチは新鮮で生きているから、口の中でちゃんとかみ切らないと、吸盤が食道にひっつくよ。それで死ぬ人がよくいる」と言うのだ。脅かさないでくれ。もちを喉で詰まらせて救急車で運ばれるお年寄りはいるが、たこの吸盤で窒息死する人は日本にいないと思う。とにかくよく噛んで食べた。

木浦は雨が降っていた。金大中の育った土地で、日本時代の建築がかなり残っていた。ミーヨンは「木浦には雨がよく似合う」と言う。悲しみの漂う町なのだそうだ。

韓国料理はたいてい好きだ。なかなか現地にいけないから町屋、三河島あたりの店に繰り出し、サムギョプサルや春川《チュンチョン》タッカルビを食べる。ソウルのコンクリート打ち放しの店が豚バラの脂でテカテカ光っていたことや、春川で体調を壊したときに、この鶏肉料理は余り辛くなくて、胃に優しかったことを思い出す。

ノープロブレム・レストラン

フィリピンに最初に行ったのはボホール島。ＪＩＣＡの職員片倉和人さんを訪ねた。彼は道路や橋の公共工事ではなく、村をどう、内発的によくするかという生活改善の事業をやっていた。タガログ語のできる安里和晃さんも来てくれた。

片倉さんが海辺の集落で最初にやった仕事は、トイレと大きなコンクリートのゴミ箱を作ることだった。女性たちに集まってもらっていろんな話を聞いた。「トイレができてから、子供たちがおなかを壊さなくなりました」とお母さんが言ったのが印象的だった。

それまではみんなあたり構わず大小便をしていて、その汚水が家の周りに流れていたのだそうだ。ゴミためみたいだった家の周りからゴミがなくなり、みんなスーパーのレジ袋みたいなものに土を詰め、そこに花を植えて、棚を作り並べていた。なぜならここは海に近くて、土にじかに花を育てようとしても、塩分で枯れてしまうのだそうだ。「最近は人生の目標ができました」と家庭園芸にいそしむ主婦は言った。なんとすばらしい言葉ではないか。

だけど、フィリピンは海辺に近い割には、出てくる食事も、住民の食事も、豚の揚げ物みたいなものばかり。「デルモンテのトマトケチャップをかけることになっているんだよ」と同行者は言う。多国籍企業の戦略に食生活が影響されているという。

その帰り、私たちはやっと海辺のレストランに行った。海に突き出したテラス。水槽に魚が泳ぎ、貝類も野菜も並んでいて、好きなものを選び、焼くか、蒸すか、揚げるか、炒めるか、選べという。こういうところが一番好き。おいしかった。店内にはアロヨ大統領が夫と来たときの写真などが貼られている。みたところ、そんなに高級店ではない。

出るときに振り返ると店の名前がわかった。「ノープロブレム・レストラン」。問題を起こさないレストラン？　はてどういう意味だ。新鮮なのでおなかを壊さないということかな。明朗会計ということかな。写真を撮ろうとしたがたまたまカメラを持っていなくて、同行者に、この写真だけ送って、と頼んだのに。たぶん彼はわすれてしまったのだろう。

広州の唐辛子

宮城県丸森町、里山で鄙《ひな》にはまれなレストランを経営する友人のシェフの悩みは、最近増えた韓国人の客が、ピザにかけるタバスコを大量に使うことだ。「千円のランチを出して、七百円のタバスコを丸々一本使われたんじゃあがったりだよ」。ほんとにねえ。唐辛子の粉でも置いておけば。

中国広州から画家の友達のジンメイが姪のDを連れて来た。前日は別のところでお世話になった。「お鍋を食べたけど味がなくておいしくなかった」と言う。聞けば「野菜と豆腐と鳥肉の鍋」だそうな。日本では、昆布を敷いた湯で鍋を作り、ぽん酢で食べる。しかし中国の火鍋はもともと濃い味が付いている。そりゃあおいしくないでしょう。文化の違いだ。世話した方は「上品な味なのに、なんでも唐辛子をかけちゃう」と嘆いていた。

姪御さんは「朝ごはんに、納豆が出た。恐ろしい」と覚えたての日本語で言う。私はつい笑ってしまった。それで、夜は無難に中華料理に連れて行こうと思ったのに、おばのジンメイが「せっかく日本に来たんだから日本料理がいい」と言い出す。さあ困った。

うちの近く、根津の居酒屋「車屋」さんで、穴子の白焼き、タコの酢の物、タンの塩焼き、焼き鳥、アジの刺身、ししゃも、米ナスの田楽、たこ焼き、天ぷらとはじから頼んだ。こうすりゃ何か口に合うものもあるだろう。唐辛子をかけながら、「全部おいしい、新鮮」と喜んでいる。さすがにいぶりがっことあん肝はちょっと無理みたい。

中国の女性はお酒は飲まない。姪のDが、一人で来てビールを二杯も飲んだ女性客に目を丸くする。「熱い水ください」と言うので、「そういう時はお湯というのよ」と字を書いて見せると、「それじゃスープです」と言う。店を出ると「宮の湯」という銭湯の看板があった。「日本人はスープに入りますか?」と聞かれる。帰って調べると、中国で銭湯は浴池とか澡堂と言うらしい。この銭湯も閉まったが。

ジンメイのお姉さんは広州にいる。三・一一の津波の後に石巻の友達クマガイさんとたずねたところ、おいしい唐辛子調味料の作り方を教えてくれた。唐辛子とニンニクをすりつぶし塩と老酒を入れる。あんまりおいしいので、これを被災した石巻の特産品にして売ったらどうか、ということになった。結局、日本では唐辛子が高くつき頓挫。だけど私はこれを一本持っていて、羊のしゃぶしゃぶ、タイスキ、火鍋、ねぎ卵焼き、たらのバスク風、鶏肉のハンガリー煮込みまで、あらゆる料理に使っている。

ふふふ、激辛中毒は実はこの私なの。

名料理人ドアンさんと牛モツスープ

タイ東北のコンケン空港から車で三時間、ノンバデンという小さな町の近くにドアンさんの農場がある。四十代半ばの筋力たくましい男性だが、どこかかわいらしくて、おしゃれだ。そこの支援をしているSさんという日本人の誘いでおたずねしてからもう四回目。ドアンさんは早く両親を亡くし、バンコクで料理人として働いていた。料理がとてもうまい。複雑な家庭で、お坊さんの兄と、姉が二人居る。自分も子供の頃、一年も寺にいた。

農場ではもちろん米を作っている。タケノコ、バナナ、マンゴーもあるし、ハーブもたくさん植わっている。池があって、朝、そこに飛び込んで、網で小魚をすくい、内臓を出し、乾かして唐揚げにする。炭も焼く。犬とアヒルを飼っている。そんな風にじゅうぶん自給自足ができるのだが、ドアンさんは買い物も好き。市場に出かけるときはおめかしして、オーデコロンを振りかける。フレンドリーなドアンさんは市場の人気者、女たちがよってきては、彼の脇腹をつつく。

　行くと買うのはなまず、豚肉、鶏肉、タニシ。頼めば高いけどエビやイカも買ってくれる。市場では唐辛子、カオニャオ（餅米）の粉、ナンプラー、ココナツミルク、巾広い米の麺なども売っているし、とれたてのシャキッとした野菜も種類が多い。これで料理をするのだが、レシピなど一切見ない。半分野外というような開放的な台所で、木を輪切りにした丸いまな板でニンニクを潰し、なまずのカレー、冬瓜のスープ、空心菜の炒め物などを手ぎわよくどっさり作る。これが楽しみ。

　犬は二匹いて、残飯が出ても犬やアヒルにやる。だから残してもいいよ、と言う。料理が余ると、近くにいるお姉さんや近所の人にもっていく。タイには日本ほど高齢者ケア施設などないから、一人暮らしの体の弱いお年寄りはなかなか暮らしがたいへんだ。ドアンさんはそういう人のところへ料理を運んだり、時々はお金もあげたりしている。

　近所で葬式があった。片親で四人の男子を育てた母親がいた。しかし、長男は交通事故死、次男はバンコクに出てこれも交通事故死、一番下は脳に障害があるそうな。ところが頼みの三男がきのう、がんで亡くなったのだという。寡婦年金は一月五百バーツ、成年男子の日当くらいである。夕食を済ますとドアンさんは出て行った。お母さんに三百バーツあげるというので、私も百バーツ出した。ここにいるとそんな暮らしがよく見える。

一番楽しみなのは大きな川魚に香草を詰め込んで炭火で塩焼き、あるいは骨付き豚肉に味をしみこませ、これまた炭火焼きのバーベキュー。これとタイの薄めのチャンビールはとても合う。夕食の時にはビールを三人で大瓶二本飲んでいいことになっている。ドアンさんは大きなガラスのコップに氷をどっさりいれる。

コンケン空港からドアンさんの農場に行く途中に、牛モツのスープを作るおばさんがいる。イートイン。これがうまい。草葺きの折りたたみ式のじつに簡単な露店である。朝からコトコト煮て、一時間半もすれば客がひっきりなし。おおきな鉢にどっさり入れてミントとかハーブを乗せてくれる。なすやいんげん、生野菜は食べ放題。カオニャオは牛の胆汁かなんかを使った苦いナンプリック（つけ汁）につけて食べる。だいたい、タイの牛肉は赤身で固い。それよりすじ肉、モツ肉のほうがずっとおいしい。コンケン空港への行きか帰りどちらかは、この牛モツスープの店に寄ってね、と頼んでおく。

朝はおかゆ

タイにはたくさんおいしいものがあるが、なかでも安宿に泊まり、路地の屋台で食べる朝のおかゆ（ジョーク）が一番だ。何も入らない白いかゆが二十バーツ（当時八十円くらい）、豚とか鶏とか、モツとか入れると四十バーツ五十バーツになる。ショウガやネギはかけ放題。机の上にナンプラー、唐辛子、練り辛子、砂糖の四調味料セットが載せてある。なんでこんなに、どろどろの舌触りのいいおかゆができるのか。これだけはまねができない。

ソムタムというパパイヤの辛いサラダ、辛いソーセージ、青菜炒めもおかゆによく合う。タイはこんな気軽な店が町のあちこちにあるので、女性も家で調理はしない。スーツ姿のOLさんも帰りに炒め物や煮込みを買っている。なんだか頼りないビニールの袋だけど、少し膨らませてゴム輪をかけるのも上手、絶対にこぼれないようになっている。

中国では朝になると、胡同《フートン》と呼ぶ路地におかゆ屋さんが開く。一人暮らしのおばあさんでも、きれいな紫のカーディガンを羽織り、白髪をなでつけ、ちょっと口紅をつけておかゆを食べにくる。特によい服を着てもないし、アクセサリーも着けていないが、とても威厳があり、落ち着いた感じ。白いかゆにピータンを入れたり、油条という揚げた棒みたいなものを割って入れたりして食べている。ああ、いいなあ。家の近くにこんなのがあったらなあ。最初に行ったときは三元（当時五十円ほど）でおかゆが食べられた。餃子も麺もそんなものだった。

それで一度社会実験と称し、独居老人が多い根津で仲間が朝がゆの店を開こうとしたことがある。中心メンバーは私ではなかった。どうにか五百円でやりたかったが、器をそろえ、ザーサイ、沖縄の豆腐よう、ピータンなど副菜も仕入れたら、人件費はもともと計算外だが、材料と家賃で足が出ることが判明。その計画はあえなく頓挫した。

コロナが流行って日本の飲食店もテイクアウトに力を入れたが、包装が過剰で立派すぎる。もっと簡単なのでいいのに。やたらゴミが多くなる。最近、根津で同じように健康な朝ご飯を出しはじめたところがある。一度行ってみようと思う。

イサーンのカオニャオ

私が世界で一番好きなものといえば、タイのイサーン、東北地方の餅米、カオニャオ。タイはいろんな米を作ってみんな食べ分ける。ジャスミン米というのもあるし、バンコクの高級ホテルでは七種類のご飯を食べ分ける定食などあった。

その中でもおいしいのは餅米で、長く水に浸し、竹かラタンで編んだ三角のかごに布を敷いて蒸す。乾いた気候なので割と長持ちする。

二〇〇二年の九月にイサーン地方のタラート村にホームステイしたとき、毎朝、奥さんがしゃがんで米を蒸していた。これを叩いて竹かごに入れる。指先でちぎって丸め、ナムプリックという青い唐辛子入りの醬油をつければ、それだけでじゅうぶん。農民たちはそれを竹かラタンの丸いかごに詰めて山に耕しに行く。腹持ちがいいのだ。

または寺院のお坊さんに捧げに行く。お坊さんは妻帯もしないし、女に触ることも許されていない。お坊さんには一番のいい食事を捧げ、みんなはその食べる姿を遠くから、ほわんと幸せそうに見つめる。

それでも我々からホームステイの費用をもらっているからか、奥さんはカオニャオ以外にも、パパイヤを細く切って辛く和えたソムタムや、ナスと挽肉の炒め物、トマトと卵の炒め物、春雨のスープなども作ってくれる。たぶん自分たちはそんなものを食べ付けていないだろうに。生卵をコツンとスプーンで叩いて割るのは面白かった。

水道はないので、人の背丈ほどもある大きな素焼きのカメに雨水をためてそれを使う。

東京に帰ってタイ料理店に行くと、いつも「カオニャオありますか」と聞くのだが、なかなかない。あると私は突然、幸せになるのだ。

台湾のルーロー飯と胡椒餅《こしょうもち》

なんだか、二〇一九年は久しぶりに台湾の当たり年だった。夏に根津で月に一度の「アイソメバー」をやっている建築系の若い仲間たちが、「そうだ、台湾に行こう」と言いだし、それぞれ勝手に宿とチケットを取り、日程は少しずつ重ねて行くことに。ブッキングドットコムでとったファンサイモンというゲストハウスもよかった。オーナーは寝る前にビールを一缶くれたし、町の人も親切だった。

台湾は女の一人旅に絶好である。というのは、ちょっと小腹を満たせるような小さな麺やご飯の店があって、立ち寄れる。有名なのはルーロー飯、豚の三枚肉を甘辛く五香粉で味つけ、ご飯にぶっかけたもの。家でもよく作るが、豚肉が皮付きでないとおいしくない。鶏肉を使う、もう少しあっさりしたジーロー飯もある。

台湾の麺はやや太く、まっすぐで、沖縄そばによく似ている。使う香料もピーヤシなどとおなじ香り。しかし、少しつゆがぬるい。一番うまいのは胡椒餅。二番目に何泊かしたゲストハウス、スターホステル台北駅もモダンで親切、周辺においしいもの屋が多いのだが、この胡椒餅の名店がホテルの隣にあった。ところが朝、町歩きに出かけるときはまだ開いてないし、夕方、帰ってくると売り切れで店じまい。結局、まだこの店のは味わっていない。この次こそぜひ、と思う。

コロナになってから友人に会うと、みんな「ああ、早く台湾に行きたい」と焦がれるような目付になる。最近、わが住む白山に「also」という台湾料理とクラフトビールのお店ができた。少々ビールは高いし、若い人が多くて騒々しいが、それでも私はビーフンや大根餅が食べたくて行く。台湾の町を思い出すためにも。

町屋のもんじゃ焼き

もんじゃ焼きというのは関西にはないらしい。東京でも月島と町屋のどちらが発祥の地かでもめている。月島はすっかりもんじゃの町として有名になったが、町屋にも結構たくさんのもんじゃ焼き屋があって、その割に知られていない。私は荒川区ファンなので、よく町屋に行く。「立花」はママに聞くともう五十年近くやってるらしい。

もんじゃは五百円位で食べられる。主人がすすめたのが一番安い、切りイカもんじゃ四百八十円。商売気のない店だ。でもたしかにこれがうまい。一番人気は塩もんじゃ、それからダブルチーズもんじゃ、それからホルモンもんじゃ、こんなの食べたことないから片端から試す。月島は観光化していて、もんじゃは一つ千五百円もしたりする。「立花」は安い方から勧める。

もんじゃ焼きはまず油をある程度引き、切りイカや天かすを炒め、そこに刻んだキャベツで土手を築いて、真ん中に粉を薄く溶いたものをどばっと広げる。それがぶくぶくしてきたらよくかき混ぜる。ママは、ほっとくと焦げ付くからどんどんかきまぜなきゃダメだという。ある程度焼けてくれれば切りイカのいい匂いがして、端っこから小さな金属のヘラで鉄板に押しつけるようにしてすくって食べるのだけど、これがまた焼酎にも合うし、ビールにも合うし、私はダバダ火振の栗焼酎を飲む。

「あらかわもんじゃ学研究会」の広瀬さんも乱入して、ますます盛り上がり、おかかだの、青のりだのをふりかけ、唐辛子を入れてどんどん味が良くなっていった。最初の塩もんじゃはちょっと味が濃かった。最後にもうお腹いっぱいと言ったのに、広瀬さんが「これ食べなきゃだめだよ」と言ってあんこ巻きを頼んだので、三角形の白い薄い粉を溶いたのにあんこと杏《あんず》を巻いて食べた。

これだけ食べて飲んで、四人で一万三千五百円位で大変コスパが良い。というのも私なんて焼酎五杯、最後は凍結酒まで飲んで、二千五百円位は飲み物代だけで使っているような気がするのに、払ったのは四千円弱。申し訳ないような。

後から入ってきた人たちは韓国語を喋りながら、ビーフステーキだのホタテだのなんだの高級食材を頼んでいた。私たちも負けずにミル貝をバタ焼きにしたり。郷土史家の森田さんと、いつ西日暮里駅前の切り通しはできたのか、石神井川の本流はいつ王子で音無川のほうに落ちたのか、などいろいろ話す。森田さんは酒屋さんで、角打ちもやっているので、次はそこで呑もうという約束をして解散。

昭和の初め、高村光太郎も千駄木林町から、よく町屋や三ノ輪、三河島に呑みに行っていた。銀座に行くより、こっちに彼にとっての楽園があったのだろう。私もまさに千代田線を都心から離れれば離れるほど、気持ちがほどけていく。この辺の町はじつにアジア的カオスに満ちているので書き留めておく。もんじゃ焼きもユニークなアジア料理の一つだろう。

※以下、通貨のレートはほぼ行った当時のものでかなりの変動があります。滞在している間、私は円との交換レートに詳しいですが、帰国するとさっぱり忘れてしまいます。

2　おとなりの国へあちこち

――中国、韓国、台湾

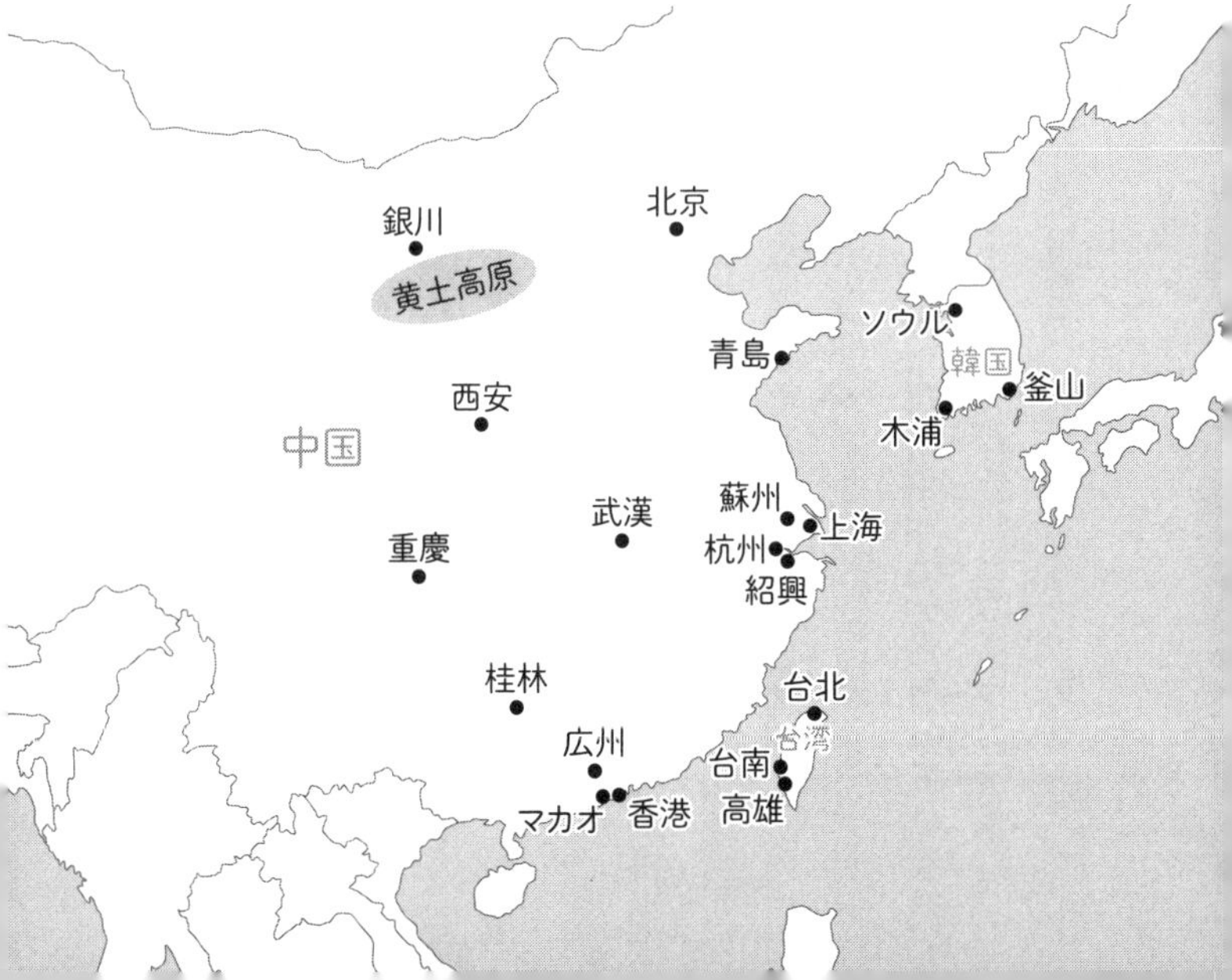

中国　2008.10

六年ぶりの香港　マカオの村で

十月二十四日――思い切ってペニンシュラ

香港に最初に行ったのは二十世紀のおわり、作家や編集者仲間とだったが、わいわい中華料理を食べた記憶しかない。ホテルは圓山大飯店《エンシャン》、改修中でとても安かった。中国式のインテリアも面白かったが、飛行場が近く低空で飛ぶ飛行機がベランダから飛び込んでくるように見えた。二回目は二〇〇二年、平凡社の山本明子さんと、星野博美さんの写真展を見に行った。四日間で六万円の安旅行。泊まったカオルーンホテルは立地は良かったが部屋が狭く、香港は密集していて息苦しく感じた。『転がる香港に苔は生えない』の著者、星野さんは香港に友達もいて、円卓での会食にも誘ってくれた。みんながコップやお箸をもういちど拭くのや、食べ方がきれいというか、だらだら食べずにさっと切り上げるのが面白かった。

今回は香港大学の中野嘉子さんが来ませんか、という。彼女はアメリカの大学院に在学中のときに、「スミソニアン博物館でなぜ原爆展がおじゃんになったか」というテーマの、凄くいい評論を書き、それを当時毎日新聞の論壇時評を担当していた私は激賞した。「私をメディアで最初に取り上げてくれたのは森さんです」と言い、平凡社の山本さんを紹介したら、『同じ釜の飯』という電気炊飯器の本を一冊出してしまった。

行きたいな。山本さんも行こうという。えい、破れかぶれだ、ペニンシュラにしちゃえ。

ペニンシュラは香港屈指のクラシックな最上級ホテルである。場所も最高、最新設備の新しいホテルと比べればやや安い。天井は高いし、タオルも石けんもたくさんあるし。部屋には果物が置いてあった。まだ海外に馴れない貧乏性の私としては、この果物はあとでお金取られるのかな、部屋に置いてある水を飲むと、これも有料なのかな、とおっかなびっくり。バスルームにはタオルが山のように積んである。

夜、暗い海をスターフェリーで対岸の香港島に渡り、セントラル（中環）をぶらぶら。前回、星野さんの写真展の会場だったフリンジクラブに出くわし、胸がキュンとする。六年の間に香港はますます超高層が増え、空はますます狭く、新しいショッピングモールもできた。レンガ建てのフリンジクラブは相変わらず独特な雰囲気で町にたたずみ、この辺の路地にはエイズ撲滅キャンペーンや、ディスエイブルドの支援キャンペーンなどのポスターが目立ち、社会活動をする人が多いようだ。「黄枝記《ウォンチーゲイ》」という店で、カニのおかゆを食べ、スターフェリーで帰る。この夜景は前のまま。

十月二十五日——行ったことのない村へ

朝、ホテル八階のプールで泳ぐ。だれもいない。独り占めの贅沢。

ペニンシュラも午後のハイティーだけは行列だが、ブランド品アーケードはガラガラ。

行ったことのないところに行ってみようと、地下鉄を乗り継いで筲箕湾《シャウケイワン》というところにいく。昔の漁村だそうで、もう十分都心への通勤圏でアパートも多いが、市場の安いタオルにおばちゃんたちが群がり、魚の干物を売っていたりして、都心よりのんびりしたところだった。

いくつかの廟をめぐり、魚市場に行ったりして、商店街の安い店で定食を食べた。新鮮な魚の清蒸《チンジョン》がおいしい。あみがさ茸と白菜のスープもおいしい。それから湾仔《ワンチャイ》の歴史的建造物を見てまたスターフェリーで帰ってきた。


夜は中野嘉子さんとお友達の二人と、いうなれば女子会ランチ。日本でいえば日本郵船みたいな会社のクラブで、オーナーの集めた古書や美術品がずらり。北京ダック、海鮮の炒め物、豆腐、豆苗の炒め物、冬瓜のスープ、すべておいしい。ダックは日本のように皮だけでなくたっぷり肉も付いていて、しかも残すと細かく切ってクワイと炒め、レタスにつつんで食べる。これまたおいしかった。

おひとりは香港ポストの編集長、おひとりは真珠会社におつとめで、私より一回りくらい若い。「香港では誰も国籍も学歴も性別も訊かない。仕事ができれば雇われる。なんでも合理主義で明快です」とのこと。彼女たちから見ると日本は官僚による規制ばかりで、まるで社会主義に見えるらしい。多くの論点には同意できたが、香港が金儲け至上主義の格差社会であることも事実のように見える。とにかく二人ともアパートの二十階以上に住む。高所恐怖症の私には信じられない話。

十月二十六日——郊外を巡るツアーに参加

山本さんは少し疲れたのでホテルで休むという。私は観光案内所で見つけた郊外を巡るツアーに参加。ミニバスに十二、三人。みんな異国人同士。ガイドさんは中国系オーストリア人らしい。彼女が一生懸命説明するのに、後ろの男たち三人はずっと声高にしゃべり、笑い、ほかの客はイライラ。何度か注意するがやまない。

イタリアからの兄弟みたい。十分後に集合というのに、滝まで行って水浴びしているらしく帰ってこない。こんなことの繰り返しで、みんな頭に来る。一番怒っていたのはイギリス人だった。

水上生活者の村とか、道教、仏教、儒教三宗教混淆《こんこう》の寺とか、見物も面白かったが、グループ内の人間模様の方が見てて飽きなかった。

三時半のフェリーで山本さんとマカオに渡り、ポウサダ・デ・サンチャゴというホテルに泊まる。ホテルのフロントはいかに最新式でゴージャスかを縷々《るる》、説明するが、インテリアは私の好みでなく、コーヒー色の壁に中国の絵、クローゼットも含め、扉はすべてバームクーヘンのような印刷の板で、ベッドカバーは真っ赤。窓から海と夕日が見えるのはいいけれど。十七世紀の城塞を保存改修というものの、ホテル部分はすべて新築。本場ポルトガルのポサーダとは似て非なるものであった。イワシのフライ、海老のガーリック炒めで赤ワインを一本開ける。超高し。

十月二十七日——海沿いのコロアネ村へ

マカオは今日一日しかない。ホテルから歩き出し、世界遺産の構成要素である教会、劇場、邸宅などをめぐる。かなり集中しており、敷石の模様で誘導され、ゆっくり歩けてよい。広島の厳島しかり、世界遺産になるとその国の政府が金をつぎ込むから、よく保全され、周辺の景観も整えられている。が、一歩はずれると中国風の老朽アパートが林立し、その対比たるや実に面白い。通貨はパタカだが、中国元が使える。

福隆新街とかいう昔の遊郭だった道を抜け、十月初五日街というところでエビ入り麺を買う。もうひとつ、緑色のハッカ油を買った。「地球の歩き方」にラベンダー二五パーセント配合と書いてあったので。しかし現物のラベルによれば二・五パーセント。このガイドは「地球の迷い方」といわれるように、たまに間違いもある。ただ持ってないよりはいい。自分が編集してもこんなに膨大な情報を間違わずにはできそうにない。

マカオといえばここ、セナド広場、聖ポール天主堂跡あたりには観光客がいたが、それでも日本の世界遺産ほどではない。石段の下でスイカのフレッシュジュースを飲む。おいしい。もう一つ、マカオでおいしいのはなんといってもパリパリのエッグタルトだ。

セナド広場の近くの庶民的な店で、エビワンタン入り細麺を食べる。十九元。とてもおいしい。世界中、普通の人が食べているものが一番おいしい。


そこからタイパ村へ。行ってみると村というより観光地であった。

さらにタクシーでコロアネ村に行く。ここまで来るとさすがに観光客は少なく、住民は親切で、ゆったりしたいい表情をしている。船のモーターをつくる油の匂い。干した魚の匂い。日干しレンガ。家を覗くと家族麻雀、日盛りの町をさけて、薄暗い家の中でおなかを出してテレビを見るおじいさん。

海沿いの町には五時をすぎるとリスボンの町のようなオレンジ色の街灯がついた。

この橋を渡ると向こうは珠海市。まったく対照的な風景。与えられた自然条件はほぼ同じであろうに、人と社会と文化と国家がちがうと、こんなにちがう景観になるものなのか。

どっちがいいとはいえないが、コロアネはいままで私が訪れた外国の中でベストテンにはいる、というと山本さんは全部をあげてみてとメモする。

1 マカオ島コロアネ……来たばかりだから。このまま一週間くらいいたい
2 タイのチェンマイから五時間、トラックの荷台に載って行くダイエーさんの村
3 イタリアのカプリ島……青の洞窟で泳いだから
4 ベトナムのホイアン……日本人町のあった古都
5 カナダのホーンビー島……ヒッピーが自由に暮らす島
6 エカテリンブルグのダーチャ（別荘）……ジャガイモ掘りをした
7 インド……ブバネシュワール近くの海岸プーリー

8　北京の胡同《フートン》……路地の町
9　フィリピンのボホール島……メガネザルがいる
10　インドネシア……カリマンタンの熱帯雨林

まだまだあるけど。歴史のあるところ、海の見えるところ、大都会でないところ、世界遺産でないところが私は好き。中野さんが大学の授業帰りに夕方のフェリーで来てくれて、村のエスパソ・リスボアというレストランのバルコニーで食事。名物の鴨肉ごはんやヤギのチーズに蜂蜜をかけたのがおいしかった。

十月二十八日――植民地の歴史が残る町

もう香港に戻る日。朝、相当重くなったトランクを引き、ラザロ地区というこれもポルトガル植民地時代の建物の残る町をゆく。いまの住民はポルトガルの植民地時代についてどんなふうに感じているのだろうか。他国を自分の領土としたからには、それなりの軍隊や強権も張り付いていたはずなのに。長い植民地時代に人種の融和も進んでしまったのだろうか。

それにしても移築復元されたのもあるのだろう、「まるでたてもの園ですねえ」という山本さんの感想と同じ。

十時半のフェリーでまた密集と喧噪の香港に帰ってきた。波止場からタクシーで空港へ。飛行機の搭乗手続きを終え、三階の飲茶にはいったが、コロアネとは別世界。やたらウェイターは急いで歩き回り、高い食事を勧め、お茶を注ぎ足し、食べるはしから片付ける。昨日あんなにおいしくて十九元だった麺が、空港では九十八元する。二人で足して二百元ちょいかな、と予想したら、ちゃんとお茶代とサービス料がとられて二百八十八元もした。昨日の麺が十五杯食べられる。

帰りの飛行機では公開に先駆け「レッド・クリフ」を見た。長いこと「三国志」ファンだが、細部はうろ覚え。周瑜はトニー・レオン、諸葛孔明は金城武、趙子龍はフージュン、中国映画に詳しい山本さんの解説付きで久しぶりにいい男をたくさんみて興奮冷めず。ただしトニー・レオンの相手役の女優がよくない。有名なモデルで映画初出演と聞いたけれど「まるで三遊亭円朝の怪談に出てくる幽霊みたいですねえ」と山本さん。同感。

中国　2010.9

荘魯迅《そうろじん》さんを囲む中国漢詩の旅

漢詩は中学生以来の趣味。最初は子供向きの世界史の本で楊貴妃と玄宗皇帝の物語を読み、李白の「長恨歌」に興味を持った。高校になると吉川幸次郎「唐詩選」が座右の書になり、「春眠暁を覚えず」「姑蘇城外寒山寺」「長安一片の月、万戸衣を擣つの声」「陽関を出ずれば故人なからん」とやっていた。文語体への興味が生まれ、それは森鷗外までひきずった。同じような関心を持つ編集者で旅行友だち、ポン太こと山本明子さんが「こんなツアーがありますよ」とチラシを持ってきたのでえいや、と行くことに。

上海から武漢へ

朝八時半成田空港集合。十時半の中国東方航空で上海へ。さらに乗り継いで武漢へ。詩人でミュージシャンの荘魯迅さんがいるのに、中国政府のお達しで雇用確保のため何段階ものガイドを雇わなければならない。

武漢市は面積八千六百平方キロ。人口は大阪と同じ千百万人。武漢三鎮といって長江、揚子江のほとりの要所を持つ。武昌、漢口、漢陽の三つの町は日中戦争でも激戦地であった。重慶からもおよそ千キロ、北京からも千キロ、広州からも千キロ。中国のＧＮＩ（国民総所得）は日本を超えて現在世界二位になっており、一人当たりの所得は三千ドル。武漢にはホンダの工場があり、三百人の日本人駐在員がいる……、そんなデータのようなことを現地ガイドはペラペラと喋る。

それに荘さんが付け加える。黄河流域から秦嶺《しんれい》山脈を越えてくると武漢。青銅時代は鉱石を発掘した。銅草花（和名ニシキコウジュ）という紫の花の下に鉱脈がある。錫は無錫《むしゃく》で出る。こうした鉱物資源を獲得したものが中原を制した。話はずっと深い。

周王朝は周礼に基づき上下の関係を大事にした。士のみが青銅の鼎《かなえ》を使える。

今新幹線を作っていて成都から北京まで三時間。以前は十五時間かかった。一等は七百九十元、二等は四百九十元。物価高騰が起こり、ニンニクやショウガが高くなっている。物乞いを三年やって家を建てた親戚がいる。信じてはいけません。よた話も多い。

華美達天禄酒店というホテルで夕食。豚肉と白菜、白身魚とえのき茸、鶏肉と唐辛子、牛肉のバーベキュー、なすとインゲン、豆腐蒸し、ひき肉入り辛味スープ、サツマイモの揚げ物など。酒は古い方がいいが、茶は新しい方がいいと言う。

憧れの黄鶴楼《こうかくろう》

雨。憧れの黄鶴楼を見る。入場料八十元。傘を買う。唐の詩人崔顥《さいこう》に有名な詩がある。

黄鶴《こうかく》ひとたび去って復た返らず
白雲　千載　空しく悠々

よく覚えていた。呉《ご》の時代の二二三年に建てられたという。

その昔、仙人が辛《シン》という人の酒屋に来て飲んだ。ずいぶん飲んだのに一度も酒代を払えといわない。仙人は「ずいぶん飲ませてもらった。少しは恩返しをしなくちゃ」とみかんの皮で壁に黄色い鶴を描き、「客人が手拍子をして歌を歌えば、鶴が壁から降りて踊ってくれるだろう」と。その店はそれからはやりにはやった。そのうちに仙人はまたおもむろに姿を現し、笛を吹くと、鶴は壁から出て舞い、やがて仙人は鶴に乗り雲のはるかに飛び去った。辛さんは感謝を込めて黄鶴楼を建てたという。

もう一つ、李白にも有名な詩がある。

故人西の方黄鶴楼を辞し
煙花三月揚州に下る
孤帆の遠影　碧空に尽き
唯見る　長江の天際に流るるを

黄鶴楼の今の姿は六層、屋根の反った派手な建物だが、これは何代目かのもの。「日本では当初の姿に復元するのに、黄鶴楼は代々みんな違う」と言うと荘さんは、「そりゃそうさ。それぞれの時代は別の民族が前の時代を覆して王朝を作る。易姓革命だ。前代を否定して新しい文化を創るのが中国流です」と言う。なるほどね。

昼ご飯は空心菜、鶏肉の冷製、キクラゲの炒め、キュウリとハム、醬油味の実、武漢清蒸、スープ、餅米の蒸し物、など。

午後は今度は蘇軾《そしょく》の赤壁の見学。これも私には印象深い。樋口一葉が明治二十年代、中島歌子の歌塾萩の舎の下働きをしていたころ、漢詩の染めてある大皿に寿司を盛って運んだ。そのとき先輩の田辺花圃が「赤壁の賦」の「清風徐《おもむろ》に来たりて」と言うと、「水波起こらず」と一葉がつけた。それで花圃は生意気な、と思ったというエピソードがある。蘇軾は蘇東坡《そとうば》の名前で知られ、流され人として長江に船を浮かべ、人間のはかなさを読んだ。そういえば豚肉を柔らかく煮込んだ東坡肉《トンポーロー》は蘇東坡に由来する。

というように、私は毎日のように、心に残る漢詩の現場に立つことができた。荘魯迅先生の解説は詩の朗読を交えて流れるようであり、その間に中国現代史が交ざるのであった。

そしてこのツアーを企画した二十一世紀旅行というところの添乗員、長谷川さんがまたなんとも好人物で、参加者もみな教養あふれるよい人たちだった。毎日六時半に起きて、夜はホテルの部屋で漢詩の勉強会というようなハードスケジュールだったが、毎日、明日が楽しみだった。三日目には白楽天（白居易）ゆかりの煙水亭《えんすいてい》（潯月亭）、四日目には陶淵明《とうえんめい》紀念館や故居を訪ねた。

廬山会議の会場

しかし、私が一番感動したのは五日目に廬山《ろざん》会議の会場を見たときである。

廬山は中国屈指の絶景、儒学の聖地白鹿洞《はくろくどう》書院もあるばかりか、司馬遷、陶淵明、李白、白居易《はっきょい》などが何度も訪ねて名詩を作っている。しかも現代史の重要な現場でもあった。蔣介石が避暑地にしたり、一九五九年七月から八月にはここで中国共産党中央政治局拡大会議が開かれた。

私は二十代のはじめに『毛沢東は死んだか』という四人組の本を編集し、その中で最も共感し、気の毒に思ったのは彭徳懐《ほうとくかい》だった。長らく毛沢東の盟友であり、初代国防部長であった軍人の彼は、当時独裁者だった毛沢東の無理な大躍進政策、農村の無理な人民公社化を批判する上申書を私信で送った。ところがそれが断りもなくこの廬山会議で配布されて問題となり、彭は毛沢東に「ブルジョワ的」のレッテルを貼られ失脚。その後も紅衛兵に暴力を受け、最後は監禁中、大腸がんなのにろくな医療も受けられずに死に至った。

後に鄧小平《とうしょうへい》が彼の名誉回復を行い、ここにはその歴史的な彭徳懐の毛沢東への上申書がレプリカかもしれないが、展示してあったのに胸を突かれた。会議の場もまるで当時のままのようで、声が聞こえるような感じだった。

南香炉峰《こうろほう》の瀑布

六日目にも驚くことがあった。「帰りなんいざ」と歌った陶淵明のふるさとを訪ね、南香炉峰の瀑布を見たのである。そこに荘魯迅さんがすっくと立って詩を朗読しておられた姿を一生忘れないであろう。

飛流直下　三千尺
疑うらくは是れ銀河の九天より落つるかと

この李白の詩のままであるが、もう一人の左遷された白楽天が草堂の壁に書いたと言われる一節。

遺愛寺の鐘は枕を欹《そばだ》てて聞き
香炉峰の雪は簾を撥《は》ねて看る

これも忘れがたい。「枕草子」には一条天皇の妃、不遇な中宮定子に「香炉峰の雪は……」と問われた清少納言が簾を巻き上げたエピソードがでている。一葉といい、清少納言といい、ちょっと才気煥発過ぎるけど、むかしの人はよく古典が体にしみていたものだ。帰りに上海では万博をちらっと見物。それより、荘さんの自宅にお招きいただいたのがいい思い出になった。

充実した旅をして帰ってほどなく、長谷川さんから二十一世紀旅行の会社が閉まったことを聞いた。誠実で、やさしい長谷川さんがどうなさっているか、その後も気になる。

二〇二二年、なんと十年ぶりに荘魯迅さんにお会いした。彼は私より二年下だが、まさに中国では文化大革命に真正面からぶつかった世代。一九八八年に日本に来て、詩人、ミュージシャン、大学講師をするかたわら、中国現代史や漢詩の本を書いておられる。相変わらず彼はむかしの詩人を敬愛し、現代の政治へは疑問を呈していた。コロナで上海はロックダウンされ、なかなか行き来もできないようだ。激動の現代詩の中を生きてきた人と話すと、なんだか自分がとても甘い汁の中を泳いでいるような気がした。

黄鶴楼

荘魯迅さんと（向かって右が筆者、向かって左は編集者の山本明子さん）

中国　2011.10

震災の年に八年ぶりの北京と青島《チンタオ》

東北の大震災で急に忙しくなった。その間を縫って北京へ。朝日新聞の加藤千洋さんの話を聞いているうちに北方中国、ことに北京の伝統的な住宅四合院《しごういん》なるものに泊まってみたくなった。中庭を囲んで四つの建物がある。ホテルは竹園賓館。四合院を改造したいい感じのホテルで、大きな池のそばの散歩にもいいところにあった。

八年の歳月は北京を変えた。まさに町は生き物。大通りを埋めつくす三連の自転車部隊はなくなり、町は車で渋滞。それだけ生活水準が上がったのだろう。車のナンバーには験《げん》を担いで8が好まれるという。ホテル到着後、近くの魯迅故居に急いだのは午後三時半で、社会主義国だから四時には鍵をがちゃがちゃ持った女性に閉め出された。夜、北京在住のライター原口純子さんと胡同の中にある雲南料理を食べに行く。路地奥の隠れ家のような意外性で、狭い入り口を入ると中は広場、客は欧米人ばかり。なかなかおいしい。

十月十六日——北京の何気ない日常

朝、池のほとりで戸外で理髪師が髪を切っていた。梅蘭芳《メイランファン》の記念館に行くも月曜日で休み。結局、また胡同巡り。二元でおいしいまんじゅうにありつく。餃子や麺は六元くらい。またなかなかタクシーつかまらず、地下鉄は切符の買い方わからず。竹下通りのようににぎわっている通りで、相声《そうせい》という漫才を見る。みんなが楽しそうに笑っているのを見ると、なんだか目頭が熱くなる。日本はこのところ、東日本大震災以来、あまりいいニュースがない。北京のふつうの人たちが楽しく暮らしているようなのがうれしい。

テレビの国営放送はあいかわらず要人の往来ばかりえんえんやっているが。まあバイアスと隠蔽は日本のメディアも同じ。夜は宿の近くの北京の食堂で水餃子、サンラータン、マーボー豆腐、ピクルス。燕京《えんきょう》ビールは薄くて飲みやすい。隣の席は餃子一つとってしみじみとビールを飲んでいる楽しげなおじいさん二人。これをみてまた涙。北京の老人たちはなんだか日本よりはしあわせそう。

十月十七日——三聯書店と老舎茶館

三聯《さんれん》書店へ表敬訪問。平凡社とともに魯迅の二カ国語版を共同出版した。原研哉さんの装丁で美しい。昼は近くの飯店で豆腐や魚をいただく。そこから前門《ぜんもん》、琉璃廠《リウリーチャン》へ行くがものすごい変化。時代劇のセットのようになっている。中国で歴史地区の保存をするとどうしてこうもわざとらしい観光地ができあがってしまうのか。老舎《ろうしゃ》茶館でカンフーやアクロバットや物まね、漫才などをみた。ここでお茶を飲みながら笑っているふつうの人々をみて、またしても涙が止まらなかった。

十月十八日——辛亥革命百年

毛沢東故居を探しながら鼓楼《ころう》、鐘楼《しょうろう》などの周りを歩く。日本では伝統的な建築以外はなかなか建物が残らないが、中国では要人が住んでいただけで残るようだ。

昼過ぎの飛行機で青島へ。桟橋王子飯店から、この町のランドマークの桟橋が見える。

要するにプリンスホテルという名前なんだ。

中山路をあるいて春和楼という古い店を見つけ、アワビ、エビ、ホラ貝の炒め物、豆苗などを食べる。やっぱり海辺はいいなあ。鶏か豚か牛かみたいな三択じゃなくて。もちろん青島ビール。夜はホテルでテレビ。八時からテレビで辛亥革命のドラマをやっており、それぞれそっくりさんの役者が演じている。宮崎滔天《とうてん》が着ている着物が柄物のウールでぶくぶくなのや、孫文の住居の日本間がやたら広くて、障子の桟なども変なのはご愛嬌。いま日本にはいないようなマッチョな男優の大時代な演技も面白い。結局三晩つづけて二時間ずつ見てしまった。漢字の字幕がつくので意味は割合よくわかる。

十月十九日――ドイツ人のつくった町青島

朝から町を歩き回る。青島は新しい町。山東省は山東菜で有名。一八九八年に帝国主義列強の一つ、ドイツが租借して極東の根拠地とした。モダニズムやハーフティンバーなど様々な洋館が林立する。石を張ったり構造材を見せたり、かなり重くしつこい感じ。白雪姫やヘンゼルが出てきそう。なかにはロシア風もある。

しかしドイツは第一次大戦で敗北。山東半島に出兵した日本が一時、青島の権益を受けついだ。また一九三七年、日中戦争時にも占領下に置いた。これも観光資源なのできれいに塗り替えているが、かつてドイツ人一家族が住んでいた家に、配電盤が十六個付いていたりする。ガス、水道、トイレもない一間に老人が住んで、庭で菜っ葉を作ったりしている。元の建物は豪邸なのになあ、と思うことしきり。しかし、これが生活だ。活用だ。

紅衛兵のリンチを受け、文化大革命の犠牲となった作家老舎《ろうしゃ》の住んだ家、清末の改革政治家で書家でもあった康有為《こうゆうい》の旧居の記念館を見学。昼ご飯は白エビの唐揚げとホタテのネギ醬油で青島ビール。

十月二十日——変化した日本人観

バスに乗って新市街まで行くが面白くもなし。広い道路の両側に超高層アパートが建ち並ぶだけ。土産物は貝細工くらい。昼過ぎに地図にある風景特区に行ってみるが、妙な地下街があるだけ。まっすぐの参道がついた「子供の天国」とかいう不思議な公園があった。後で聞いたら日本統治時代につくった植民地神宮の一つの跡だそうだ。たしかにそんな感じ。スケールアウトした権威主義漂う空間。

今回の東日本大震災で、中国のテレビに日本の被災者が映り、泣いたり笑ったりする普通の人々だということがわかって、日本人観が少し修正されたという。

石巻の水産加工会社では、中国人従業員をすべて逃してから、逃げ遅れて亡くなった日本人社長がいた。人望があって、中国人女性らが「社長社長」と嗚咽する姿に日本人観を変えた人もいるらしい。

中山路の古い店で海鮮火鍋を食べた。マテ貝、しゃこ、アサリ、さっぱりしておいしい。青島ビールの工場へ行き、生ビールを飲むと東京での青島ビールと全く違う。このビール工場はドイツ租借時代に始め、それを日本人が引き継いで経営したという。

世界史の勉強でしか知らなかった青島が、にわかに身近なものとなった。

中国　2013.7

広州で考えたこと

二〇一三年七月、初めて広州を数日旅した。いままで上海、香港、北京、大連、青島をはじめ、中国はあちこちいってみたが、広州は初めてだ。成田から飛行機で四時間ほど。十数年前と比べ、中国の空港もずいぶんきれいになったものだと思う。

熊谷秋雄さんという石巻の友達が、ひょんなことでパリのモンマルトルで画家の中国人女性と友達になった。彼は北上川河口で津波に家や会社を流され、町の復興のために新しい仕事を模索中、中国の唐辛子の調味料を売ることを思いついた。その作り方をパリの友人に相談したら、彼女は中国にいる妹を紹介してきたので、教わりに行くという。私も面白がってついて行くことにした。

ショーウンという少女

空港には彼女の弟の家族が迎えにきていた。ショーウンという中学生の少女が、二カ月前から学んだという日本語で「ようこそ」と私たち三人の名前を書いたボール紙を持って立っていた。

この子がなんとも私の子供時代のような懐かしい感じなのである。着ているのは黄色のTシャツと緑の半ズボン、髪の毛もショートカットなのではじめは男の子かと思った。まったく飾り気のない、すらりとした子である。私自身、そのころは痩せっぽちで、自分が女の子であることを意識するのさえいやで、いつも髪は短く、ズボンとTシャツやセーターでいたのを思い出した。「スカートははかないの?」と聞くと、「はかない。これは学校のユニフォーム。シンプルライフが好き」とのことだった。

彼女の英語は私よりうまい。ちゃんと未来形、過去完了なども使いこなす。単語もたくさん知っている。上手ね、といったら「小学校の時から学校で習っているから」とのことだった。広州市は北京、上海と並ぶ三大都市の一つで、広東省の省都でもあり、一二七〇万人が住む。どこまでも広がるビルの並ぶ町に、高速道路が四通八達していた。

桂林の美しく懐かしい風景

翌日、私たちはショーウンのお父さんの車で桂林に向かった。広州からは香港や深圳《しんせん》も近いが、その辺は行ったことがあるし、私は桂林のぽこりぽこりとした墨絵のような風景が見てみたかった。これはカルスト地形が作った特異な景観である。私は川の両岸に丘があるのかと思っていたが、そうではなく、平野の一面にこのような不思議な丘が盛り上がっていて、車からもよく見えた。高速道路を降りると道は狭くなり、対向車はセンターラインをはみ出して走ってくる。その多くが荷物満載の大型トラックで怖いことこの上ない。こちらは仕方なく歩道を走る。交通法規の厳しい日本とは違い、融通無碍《ゆうずうむげ》のようだ。

美しい並木がどこまでも続き、その並木を挟んで左右の田畑に人が働いている。戦前の日本のように、みな鋤や鎌を持って人力で野良仕事をしている。トラクターなどなく、働くのは水牛である。

小学校のとき、教科書で、牛や馬を使った苗代作りや、手作業による田植えや刈り取りを習ったが、まさにここの人たちは菅笠をかぶり、いまもそんな農業をしていた。一見、絵のように美しい耕作の風景、しかし現金収入はそんなに得られないだろう。

何年か前『麦客《まいか》〜中国・激突する鉄と鎌〜』という華南省の農業を描いたドキュメンタリーを見たのを思い出す。刈り取りのすんだ内陸の農民は現金収入を得るため、鎌一つを持って無賃乗車をしてまで刈り取りの出稼ぎにいく。名付けて老麦客、その数三十万。

一方、改革開放政策で先に余裕のできた河北省の農民はコンバインを運転して刈り取りを請け負い、二十日間で三万元（五十六万円）もの臨時収入を得る。名付けて鉄麦客、その数一万。コンバインと鎌との競争、かたや子供を飢えさせたくない、かたや子供を大学に行かせたい、と語る。中国の貧富の格差をよく表した名作だった。

また別の番組では、日本から持って行った資源ゴミを分別するだけで中国に二十万人都市ができていると報じていた。化学薬品も使い、危険を冒して分別している夫婦は元農民。「農家では暮らせない。子供を大学に入れるためには自分たちの代はここで危険な仕事をするしかない」と手を休めずに語る。

私たちを案内してくれている家族も祖父母の代には農民だったそうだ。農村から出てきて、ショーウンのお父さんとお母さんは段ボール化粧箱をつくる町工場を経営している。

昨日の夜、お母さんに挨拶に工場へ行ったが、夜の十時というのに細くて小柄な若者たちがまだ箱をつくっていた。みんな一緒に働き、生きるために必死なのである。

ショーウンの伯母はパリで画家であり、叔父は隣町の学校で美術と書道の教師をしている。父母の世代で農作業から抜け出した。知識も多く、回転もいいショーウンは香港大学でコンピューターサイエンスを学びたいという。「だからよく勉強しなくちゃ」と好奇心と向上心の強い少女は言った。

速すぎる中国の成長

日本の農業もすでに業としては限界である。私は都会での食糧生産に携わらない暮らしに疑問を持って、二〇〇六年に宮城県の丸森に町の畑を借り、震災の直前まで畑をやっていた。

私の曽祖父の世代はその土地の農民であった。正確に言うと、伊達藩の最下級の武士で、相馬藩との国境警備隊のような役目を仰せつかっていた。しかし東北の藩はまずしく、いつおこるかわからない戦いのために武道だけ磨いていればいいというものではない。土地を与えられ、平時は農業に精を出した。その平時は二百六十年続いた。徳川幕府の最後、戊辰戦争でわが先祖は白河辺りまで押し出し、奥羽越列藩同盟の一員として戦ったという。明治維新後、士族の身分は捨て、土着して農民となった。士族のままでいたら維新の負け組として北海道開拓か、ハワイ移民にでもいっていただろう。かしこい選択だ。土地を集積して四十町歩の地主となり、祖父の兄弟はあとつぎの長兄をのぞいてみな東京に出て教育を受け、宮城の田舎には帰らなかった。長兄だけは土地に残り、村長、町長、県議などを務めた。だから私は都会に出てきて三代目。中国より二世代くらい早い。

しかし日本の高度成長より、中国の成長は速すぎる。鋤をふるうそばの道を観光バスがひっきりなしに通る。早く都会に出て現金収入を得た中国人が桂林を観光しにいく。十五年前には一元が十三円だったが、いまは十九円である。元は円に比して強くなった。しかも以前は横丁の食堂で食べるかゆ、麺、餃子は三元くらい、五十円くらいの感じだった。それが今は店も少しきれいになったものの六元から八元くらいに値上げしている。

もっとも昔から極端な二重価格ではあった。二〇〇二年に上海に行ったとき、私は毎日横丁で三元の麺や粥を食べて満足していたが、某大新聞の上海支局長が連れて行ってくれた店ではスープが百五十元もしたのである。

また中国では軍隊や警察、党幹部のような人が高級料理店にあとから来て厚遇され、先に食べて、金も払わずに出ていくのを見かけた。観劇にいってもいい席にあとから来てずらりと並んだ偉そうな男たちに、劇場の人がペコペコしたり、気を遣っているのを見る。国営ホテルでは、設備は立派だが、サービスは悪く、仏頂面のウエートレスがちっとも働かないのをよく見た。それもこのところ様変わりで、国営から民営に主体がうつって、サービスも少しずつ良くなっている。

桂林は観光地で中国人観光客がたくさん。竹の筏で川下りを楽しみ、映画監督張芸謀《チャンイーモウ》演出の夜のショー「印象・劉三姐」を見に来ていた。桂林の山々を背景とした湖面で行われるショーはこの土地の農民や漁民の生活を描いたものだが、百五十〜四百元もするショーを平均給料四千元程度といわれている中国人が見に来ているのはどういうわけだろう。二〇一一年の平均月収はここ広州が最高で、最低は内陸部の成都で、倍くらいの開きがある。

このショーを見るために陽朔《ようさく》という町には、たくさんの新しいホテルさえ建っていた。私たちが行ったときには既に切符は売り切れていたのだが、バイクにまたがったおばちゃんが車に執拗に伴走して切符を買わないかという。運転するショーウンのお父さんが引っかからなければいいのに、と思ったが彼は観念して彼女から五枚の切符を手に入れた。そうしてその値段はなぜか窓口で買うよりも安く、しかもいい席だったのである。日本ではダフ屋はうんと高いが、中国ではこうした民間のコネは利用した方が得するらしい。

元気な女性たち

今回の旅行で一番驚いたのは、中国女性たちの元気な働きぶりであった。どこの観光地に行ってもおばあちゃんが大活躍、月丘というきれいに丸の穴のあいた丘に登るのに、水売りのほっそりしたおばあちゃんが何人もついてくる。私が息を切らすきつい登りを、彼女たちは冷えたペットボトルやコーラを何本も入れた箱を細い体にななめにかけて飛ぶように上ってくる。

横丁の朝ご飯屋でもおばあちゃんは釜の前でおいしいおかゆを煮ている。白い桂林米麺をゆでて、もつ煮をさっとかける。どう、おいしいか、と客を見てにこっとする。いつまでも働くのは貧しくて生きていけないからか、それとも生き甲斐のためか。彼女たちのはつらつとした笑顔から私は後者ではないかと推測した。

その孫の世代にあたるショーウンがよく勉強するのにも驚いた。夜のショーが始まるまで清潔で安いホテルを、これも地元の人の手引きで見つけ、私たちは一部屋を使うことになった。私は疲れて午睡をしたが、彼女はその間ベッドで『サイエンティフィック・アメリカン』に読みふけっていた。洗濯したものを干していいか、クーラーをもっと弱めていいか、なども礼儀ただしく、いちいち私に尋ねる。

見ているとタフ・ネゴシエーターでもあって、空港で会った時から、私たちと英語の話せない父親との通訳を務め、英語が通じないときは漢字で筆談する。私たちがおなかがすいていないか、喉が渇かないか、お手洗いに行きたくないか、何を見たいのか、どこに行きたいのか、的確に気を配ってくれた。そのうえ、車からホテルの予約や伯母たちとの連絡なども全部携帯でやってくれたのである。これで十六歳。日本にこんなものおじしない使える少女はいるかなあ、と我々日本人は舌をまいたのであった。

この向上心、意欲、反応の早さ、気働き、知識量、落ち着き、目的意識、臨機応変さ、すばらしい。私は車の中で中国の王朝や漢詩やエネルギー政策について筆談したのだが、なんども彼女に漢字を直された。屈原、李白、杜甫、白楽天から孫文、魯迅についてまで語り合えた。

彼女は何を言っても額面通りに受け取り、その言葉の裏の意味を邪推しない。でもすやすや寝ているところは普通の十六歳である。どうしたらこんな子が育つのだろう。日本語は誰に習っているの、と聞くとインターネットで自学自習だという。自分も中高生時代、パソコンはなかったが、テレビの英会話やフランス語講座で自学自習し、歌舞伎に文楽、コンサートに芝居、何にでも夢中になり、吸収した。「森さんも中学の頃こんな感じだったんじゃない」と同行者は言った。

懐かしい団欒

夜のショーは桂林の面白い景観をバックに、その前の湖を使って行われ、この土地の民族の暮らしとプライドを表現し、照明や演出はけっこう凝ったもので見応えがあった。しかし中国人たちは黙って見ない。絶えずおしゃべりして、うるさいことこのうえない。欧米人観光客が時々耐えかねてシーっというが、一瞬静まってまたおしゃべりが始まる。で

も これも懐かしい感じだった。昔大衆演劇を見に行くとみんなぺちゃくちゃしゃべりながらお弁当を使ったりして、一段落すると、さあ、これから山場だ、泣きまっせ、と舞台に見入る。あの感じ。

舞台がはねて、陽朔のちかくのショーウンの伯母のところへ夜遅くたどりついたが、急場にもかかわらず、手早く数種類の惣菜を作ってもてなしてくれた。路地をはいって中庭があり、その奥の土間で円卓を囲み、ほの暗いあかりの下で、豚肉と野菜の炒めたのや鶏のスープやゼンマイの炒め物、トマトと卵の炒め物などをどんぶりご飯の上にかけて箸で食べた。

冷たいビールも出してくれた。そうしたらなぜか、生まれ育った長屋のちゃぶだいの夕食を思い出した。裸電球の白い傘のもとで家族で夕食を囲んだ昔。いま、私の家では四人家族だが、生活時間がバラバラでめったに卓を囲むときがない。いつも一人ご飯である。

この一族の仲のいいこと。おばあちゃんは長椅子の上で食べる家族を見守っている。お父さん、奥さん、娘たち、従兄弟たち、みんな仲がいい。伯母さんの夫の妹の亭主という人がやってきて、いろんな珍しい石を見せてくれた。買わないか、という。伯母さんの旦那はこの町の通りで自動車の修理をしているらしい。大学生のリリーというものしずかな娘さんがいる。この従姉ともショーウンはとても仲がいい。

その日、私たちはホテルに帰って眠り、翌朝、唐辛子の香辛料を作ることになった。大きな木のまな板と、夫の扱う自動車の部品も道具に使って、伯母さんが元気に体を動かして唐辛子をつぶした。材料が足りなくて私はリリーについて町の酒屋にいった。

路地を入ったところに地酒を造る店があって、薄暗い土間で、上半身裸の男たちが米を蒸し、それに麹菌をつけ、かき回し、オケを天秤で担いだり、薪を割ってカマドにくべたりと力強く働いていた。まるで江戸時代の酒造りの絵図のようである。そこで透明の酒を大きなペットボトルに量り売りで買った。それは私が子供の頃、近くの酒屋に、「ごましらしめ半々」とつぶやきながら油を買いに行かされた日を思い出させた。

融通無碍であたたかい

中国は広い。人口も多い。これだけの面積と人口をまとめるために多少、中央集権が強くなるのは仕方ないのかもしれない。改革開放といいながら、貧富の差は拡大し、党幹部の子息たちはアメリカに留学する。辺境の少数民族、新疆ウイグル自治区や内モンゴル自治区、チベットでは弾圧が行われていると、日本のニュースは伝えている。

日本にいる中国人の友達はみな政治的自由が欲しい、中国では食べるものも空気も安全でない、などという、中国から家族を呼び寄せたりする。しかし中国に行くたびに見るふつうの中国人の生活は、実にゆったりしていて、人情に富み、家族は仲良く、町の中には市場や朝ご飯の食堂があって老人の孤立を防いでいる。道路で床屋さんが商売をしているかと思えば、麻雀の卓を屋外で囲んでいる。公園には朝からたくさんの人が来て、ダンス、コーラス、太極拳、気功、バドミントン、凧揚げなどを楽しんでいる。

なんだかいまの日本より、ずっと融通無碍であたたかい感じ。

昭和三十年代、東京にも空き地があり、崖があり、子供たちは親に干渉されないで、路地でゴム段や三角ベース、メンコ、かくれんぼをして遊び、塾や進学教室などには行かず、朝は不忍池まで蓮の花の開く音を聞きに出かけた。花見時分は上野の山で新聞紙を敷いて大人たちは酒盛りや踊ったり歌ったり、都市は自由な場所であった。

いまや銭湯も減り、ビリヤードや卓球場、バッティングセンター、町の食堂や、大衆飲み屋もだんだん少なくなっている。交差点には防犯カメラが設置され、なんだか息苦しい。第一、町に人が少なくなった。

中国もいろんな問題を抱えているだろう。だが庶民生活に見る自由でなごやかな感じは見ていて楽しい。その中でネットで日本語を勉強してしまうショーウンのような少女はどうやって生きていくのだろう。一度は成功を追い求めながら、富や名声でない、社会的貢献や本当にやりたいことを見つけていくのだろうか。

すっかり好きになったかわいいショーウン。私の国と彼女の国がこれからも仲良くありますように。彼女の行く手に幸いあれ、と私は空港で彼女を抱きしめた。

黄土《こうど》高原　ヤオトンと野菜料理

中国の内陸、黄土高原の写真集とドキュメンタリーを見たことがあった。見渡す限りの黄色い大地。「きれいですね」と言ったら、「これをきれいだと言っちゃいけない」と写真家に叱られた。別のＮＨＫのドキュメンタリー映像は、あまりに貧しい村で、成績がよいのに上の学校に行けない少女が主人公だった。放送後、たくさんの日本人が少女のために義援金を寄せ、その少女ばかりでなく、ほかの村も含めて希望する百人ほどが上級学校に行けるようになったと聞いた。

そのあたりが気になっていたところ、大阪大学の深尾葉子先生が二十年以上、この地域を研究しておられることを知り、その調査に自費で参加することが許された。

それは中国奥地の旅だった。安いチケットを探し、八月十日、先ず上海経由で寧夏回族《ねいかかいぞく》自治区の首府銀川《ぎんせん》に向かった。シックできれいな町である。

そこからほど近い内モンゴル自治区ではオイスカの富樫智さんがスタッフとともに、ゴビ砂漠の近く、バダインジャラン砂漠の緑化に取り組んでいる。

「オイスカは一九六一年に『人々が違いを乗り越えて共存し、地球上のあらゆる生命の基盤を守り育てよう』という趣旨で始まった日本の公益財団法人です。民間団体なので、政府の援助というより、起業した収益や個人の篤志で運営されています。職員は百人くらいいるのですが、中国の奥地に行きたい人はなかなかいません。それで私は、ここに十年もへばりつくことになりました」

新疆ウイグル自治区のような抗争は今のところ起きていない。中国語を流暢に話し、博士号も持っている富樫さんは、砂漠化を止め、緑化を推進することに心からのほこりとやりがいを感じているように見えた。

年間雨量は日本の十分の一

　翌十一日、さっそく内モンゴル自治区の阿拉善《アラシャン》へ。そこに至る道はとてもよい。「高速道路ができたのですが、往復の料金三十元を地元民は払えません。しかも前の普通の道は廃止になったので、住民は移動できず、公共工事への不満が高まっています。政府はこのところ、砂漠化を止め、緑化を進めるために禁牧政策をとり、羊、ヤギを飼うのを禁止し、その見返りに補助金を出しています」

　日本の減反政策みたいですね。しかし、仕事をしない方がお金が入るというのは農民を堕落させませんか。

「そのとおり。一概には言えませんが、入ったお金で酒を飲んでしまう人もいます。若い世代は都会に出稼ぎに行く、という状況も見られます」

　高速道路をラクダが悠々と横切っていく。一頭が車に轢かれて死んでいた。こうなると道を横切るラクダが悪いのか、ラクダの通り道に高速道路を作った人間が悪いのか。

「この辺は年間雨量二〇〇ミリ、日本の十分の一です。でも降れば土砂降り、ポプラなんて植えたって育ちません。pH8～11の強アルカリ性土壌です。水がなくても育つ灌木がベストですが、不妊に効くニクジュヨウ、疲労回復によい赤い実、サボテンなどを生かせないか。ほかにも育毛や美白に効果のある植物もあります」

例えばニクジュヨウであれば、ソウソウという草の根元に植え、その地下茎から養分をもらって育てる。そんな共生の仕組みを活用する。

「この栽培で三十万元（当時で約五百万円）もの売り上げを出した農民も出てきました」と富樫さんはうれしそう。「オイスカの現地の年間予算は四百万円くらいですけど」とこの人は全く欲がない。

「今、漢方薬を中国人が大量に使い出して、日本での値段が上がっています。漢方の中には、砂漠の厳しい気候の中でこそ、よく育つものがあるので、これも開発したいです」

センターではダチョウに似たエミュを育てていた。

「これは肉をとり、油は化粧品に使えます。最も肌の吸収のよい油です」

台風で便が遅れた深尾さん、東京大学の安冨歩さん、鹿児島大（当時）の山本健太郎さんなども到着。お昼には土地の名物牛肉麺を食べ、夕方には町一番と評判の餃子を食べる。

砂漠緑化の実験場を見る

十二日はもっと内陸に入り、砂漠化とそれに対抗する緑化の実験場を見学。砂漠の風紋は美しかったが、そこにロードレースをするような車が走り回り、観光化も進んでいる。博物館は内モンゴルの生活や歴史を展示して、とても見応えがあった。富樫さん曰く「この辺は西夏という王朝の都でした。チンギスハンに滅ぼされましたが、その歴史は複雑で面白い」。地図を見ると、私は西寧とチベット自治区ラサを結ぶ青蔵《せいぞう》鉄道よりまだ北にいるらしい。

楊家溝のヤオトンへ

十三日、内モンゴルの自治区から銀川に戻る途中に、明代に造られた万里の長城や、西夏王朝の土の王陵が見えた。そして一路、陝西省楊家溝のヤオトンへ。暗い中ついた。荷物を持って坂道を上がる。ここは黄土高原、斜面の黄色い土を切って宅地を造成し、そこに畑を作る。家はその崖を彫り込んだ洞窟のようなもの。これをヤオトンといって、究極のエコハウスだ。地中熱を利用し、夏は涼しく、冬は暖かい。

入口は装飾的な建具がはまっている。中の壁は漆喰で固められ、奥に寝台があり、電気は来ているので、テレビも電話もあった。煮炊きにガスは使えない。石炭と薪である。トイレはいわゆる野外のボットン便所だが、紙は落とさないで清潔だった。深尾葉子さんがこの村と家を発見したのは四半世紀前。それから百回近くも通い詰め、いまでは親戚づきあい。中国語が完璧の深尾さんはまるで娘のように可愛がられている。夜遅くついた私たちのために、一家の主婦ルオリンがおかゆを作って待っていてくれた。去年、夫を亡くし、その悲しみが癒えない。深尾さんたちと思い出話に花が咲く。夜、犬がしきりと遠吠えする。住民がサソリを捕って、漢方薬で売るのだそうだ。トイレは外で懐中電灯持参となる。

豊かな住居、食事、時間

十四日、朝ご飯は雑穀や小麦粉をこねて機械で押し出したハオラー麺。これをゆで、トマトソース、ネギ、油、すりごま、ラー油などをかけて食べる。こんなおいしい麺は食べたことがない。素材は目の前の畑から採ったばっかり、それを庭で食べるのがおいしい。トマトがこの村に入ったのは三、四十年前だが、なす、インゲン、タマネギ、ピーマン、セロリなど西洋野菜を煮込んでかける。いわばラタトイユ麺とでも言うべきか。

坂を下りて私たちは村を歩き回る。「あれ、来てたの、元気かい」と深尾さんに声をかける人がいる。「あげたいものがあるから家に寄ってくれ」と言う人もある。気温は昼間四十度まで上がるが、乾燥しているので汗は出ない。どの家に寄っても「まずは何か食べろ」とトウモロコシやおかゆが出る。ここらの人は麺をゆでた汁も野菜をゆでた汁も捨てないで飲んでしまう。そのかわりお茶を飲む習慣はないらしい。おなかいっぱいになって眠くなったら、どの家でも奥の寝台に上がって昼寝をしていいそうだ。私も失礼して一時間ほどまどろんだ。壁は地中なので触るとひんやりしていた。

夕食はさまざまな野菜の炒め物、すべて菜食だが不満はない。夜、ペルセウス座流星群か、豪華な流星がいくつも空を横切った。毛布を羽織って見た。

革命故地として保存されている要塞

十五日、深尾さんが楡林《ユイリン》の町に阪大での教え子の結婚式に行ったので、安冨歩さん、山本健太郎さんと毛沢東が長征の際に滞在したという要塞を見に行く。中国では毛沢東の古跡なら一泊したくらいでも革命故地として保存されている。しかも、ここには一九三七年十一月から翌年三月まで四ヵ月も滞在したのだ。

「長征とはよくいったもんで、延安で旗揚げしたものの、実際は蔣介石軍に追われて逃げ回っていたんだ。しかし黄土高原の洞窟に暮らしていたから、蔣介石軍は黄河を渡ってこられなかった。そのうち満州の方で、八路軍が優勢になり、毛沢東は一挙に黄河を渡って反攻した」と『満州暴走　隠された構造』の著者でもある安冨さんの解説はわかりやすい。

ここでは毛沢東、周恩来、朱徳、彭徳懐などがそれぞれ一つずつ、穴居を執務室として使っていた。とはいえ、長征の中で失われた人命も多く、また著名な革命家でその後、文化大革命で不遇なうちに生を終えた人も多い。

「本来、馬氏という大地主を頼ってきて、ここは彼の先祖伝来の地なんだから革命記念館より、馬氏記念館を作るべきですね」と安冨さん。とにかくここは中国共産党の十二月会議が開かれた歴史的な土地でもあり、近所の九十代のおじいさんに聞くと、この方も毛沢東軍に参加したという。

お昼に帰り、手作りのおいしいまんじゅうを三つも食べて昼寝。ようやく日がかげってから、また反対側の丘の上を目指した。途中、地盤が専門の山本先生は土のサンプルを採取、「耕して天に至る」というほどの段畑をどんどん登っていく。ジャガイモ、ネギ、粟、トウモロコシなど、よくも苦労して土地利用をしたものと驚く。リンゴを食べていかないかと誘った農家のおじさんによれば、「南斜面は太陽光がきつくて乾燥するので北斜面の方が耕作には条件がいい」そうだ。帰ってくると大きな虹が浸食谷にかかっていた。

夜はジャガイモをすりおろして蒸したもので、これにたくさんの調味料をかけた。おいしい。帰ったらさっそくまねしてみようと思うが、ここほどのよい素材がない。今日も流れ星をいくつも見た。女主人ルオリンのお兄さんがチャルメラのようなラッパで土地のもの悲しい音楽を次々演奏してくれた。

砂漠緑化について意見交換

十六日、心を残しながら出立。「自分にとって居心地のよいところが故郷なら、ここが私の故郷なのよね」と深尾さん。ルオリンはお土産に、自分で焼いたナツメジャムのパイを持たせてくれた。私たちは彼女がリンゴを煮詰めて作ったジャムの壜をいくつか買った。

そこから車で「黄土高原国際民間緑色文化ネットワーク」という、なんだかすべてが盛り込まれたタイトルの会場まで、迷いながら走る。すでに開始時間を一時間過ぎていたが、みんなは親愛なる深尾教授の到着をご飯も食べずに待っていた。さっそく食堂に案内され、またまたゆでたてのジャガイモやカボチャ、トマト、羊と野菜の煮物などをどっさり食べた。

それから私たちは壇上に上げられ、日中の意見交換が始まった。彼らは廟会という一種の宗教施設を中心に村づくりを進めてきた。その中でも朱序弼《シュジョヒツ》という老人は、学校にも通えない貧しい家に生まれながら、独学と畑や森で経験を積み、この土地の緑化に長らく尽くしてきた。果樹の接《つ》ぎ木の仕方や薬草の知識が深く、「緑聖」と呼ばれ、国家の表彰も受けている。穏やかな顔立ちの中に揺るぎない筋金を感じた。こうした老人世代が体力を失った今、次の世代のリーダーをどう育てるか、どう受け継ぐかも会議の話題だった。

それぞれが意見を言うことになり、私も宮城県丸森での畑仕事の経験を語った。

「日本では一九四五年の敗戦の前までは農業人口が就業人口の半分を占めていましたが、急速に減少して百五十万人程度、それも六十代以上がほとんどで、十年後は彼らが七十代になり、このままでは農民はいなくなり、外国から食べ物を輸入しなくてはなりません。すでに、自給率は三十パーセント台になっています。しかしこれは『安心して土地のものを食べる』という基本からかけ離れます。農業は一番いのちに近い仕事として、自然の中で子育てもしたいと、若い世代でも就農する人が出てきています。

こうした若者たちは、

一、農薬や化学肥料を使わずに自然の力を使った農業。

二、成人病などに効く作物、ほかでやっていない珍しい高く売れる品種を作る。

三、農業だけでは食べられないので、塾経営、介護、福祉施設の経営などと組み合わせる。

四、流通にマージンを取られないよう、消費者に直送するシステムを作る。

といった農業を新しく工夫して実践しています」

などと話した。みんな熱心に聞いてくれた。

日本ではこのところ黄砂の害がニュースになる。気象庁のサイトには「ゴビ砂漠やタクラマカン砂漠、黄土地帯から強風で巻き上げられた多量の砂塵が日本まで飛散し、地上に降り注ぐ」と書いてある。北京でも昼なのに外が暗くなるほどで、車は砂が降り積もる。

ゴビ砂漠の砂を手で触るとけっこう粒子が粗く、重いので、砂漠の移動はもたらしても、日本まで飛来することはあり得ないのだという。一方、黄土高原を春先に耕すと、その間そうした細かい粒子の土は風に乗って日本まで運ばれる。そして、洗濯物を汚したり、呼吸器疾患やアレルギーを引き起こし、工業製品に入り込んだりの被害が見られる。だからこそ黄土高原の緑化は日本にとっても必要で、大きな意味があるのだ。

そこの農民たちとよい関係を築き、ともに植林や緑化を考えること、それが深尾さんたちが長らく努力してきたことで、これは日本の環境にも寄与するものだ。

黄砂は少なくとも六万年前からあり、古くから詩歌に詠われてきた自然現象であり、怖がったり、悪者にすることもない。写真集やドキュメンタリーから黄土高原を貧しく気の毒な地域と考えてきたが。実際に来てみると、確かに現金収入は少ないかもしれないが、人々は豊かな衣食住と豊かな文化を保ち、穏やかに仲良く暮らしていた。それを知ることができただけでも、来た甲斐があった。

江南のみち　年を重ねた美しい町との出会い

十二月の蘇州に、雨は蕭蕭と降っていた。

城市内に入るともはや暗く、ほの白い壁の町並みが闇の中に浮かぶ。司馬遼太郎さんが「建物の軒の無用の反り」と言った通りのものがあって思わず笑った。どうも復元もされているようだし、高さ規制もされているようだ。これから司馬さんの『街道をゆく―江南のみち』のあとを追う。

今夜のホテルは姑蘇《こそ》飯店。ガイド兼通訳の鐘翀《しょうちゅう》さんが、「（姑蘇は）蘇州の呉の都時代の名前です」と教えてくれた。京都大学地理学の博士課程に学ぶ、目のきれいな青年だ。彼に、この旅では多くを教わりつづけることになる。

司馬さんは一九八一年の六月に来ている。政府による公式招待旅行のようなもので、団体である。私たち四人は招待でないかわり、制約はない。季節も違う。

『街道をゆく』を読むたびに旅の流儀があまりにも違うのに驚いてきた。司馬さんは正面から堂々と国家と歴史を語り、私は小所低所の暮らしを見るのが好き。司馬さんは現代中国についてほとんど書かれないし、食べ物のことはまず出てこない。私はいまの中国に興味津々だし、食い意地が張っている。

ま、その違いが面白いのかもしれない。

早速、その夜は「得月楼《とくげつろう》」で蘇州料理を味わった。鴨肉のスモーク、豆苗の炒め、エビと蟹味噌の炒め、上海蟹、多種のきのこのスープ。ちなみに蟹は一つ八十五元（当時で約千百円）くらい。東京よりはるかに安い。鐘さんは良い店を見つけてくれた。

「海嘯」のとどろき

翌日、司馬さんの書いた葑門《ほうもん》、盤門《ばんもん》、胥門《しょもん》、金門など蘇州城の名残を見に行く。

「山塘街《さんとうがい》」という古い町並みへきた。「磚《せん》」という黒いレンガをつみかさね、上に白い漆喰を塗る。そこに黒い瓦を乗せただけのシンプルな建物。しかし待てよ、あまりに塗りたてで、瓦も新しい。入り口に「風情区」とある。つまり、再開発を進める一方で、申しわけ程度に古い建物を残し、それを過剰に整備して「観光地」にしようとしているようなのだ。

昼はそんな街区で麺を食べた。三・五元。五十円くらいだ。この寒いのに吹きさらしの部屋で、湯気だけがあたたかい。

食後、「整備」されていない古い市場へ行った。こっちの方がよほどいい。建物はまちまちだが、八百屋、魚屋、菓子屋、卵売り、ホウキ職人。店はすべて町に向かって開け放たれ、驚いたことに、キルティングの上着を、吹きさらしの店でミシンで縫っている。やァ、こうして縫うのか。工場生産じゃないんだ、とびっくり。市場では上海蟹は一つ一元。してみると昨日の店の値段は何?

駆け足で、夜は杭州到着。夜ご飯は「知味観《ちみかん》」。鍾さんは、「中国では各都市それぞれ料理がまったくちがいます」といいながらメニューを吟味、「これは杭州で有名な料理」と指さしながら貝の紹興酒漬け、あみがさ茸のスープ、川魚の揚げあんかけを選んでくれた。

地ビールは色も味もいささか薄い。

翌朝、杭州のランドマーク、西湖《せいこ》へ。シーフーといって、中国人の愛する広い湖である。蘇軾や白楽天が官僚時代につくった堤があり、この湖を題材に数多くの詩がつくられた。

「山色空濛《さんしょくくうもう》として雨亦奇《あめもまたき》なり」

すらすらと鍾さんが吟ずる。まさに目前の景色そのままだ。私も次々、昔習った漢詩をインデックスのように思い出す。鍾さんは「西湖には文化的な蓄積がありますからね」とうまいことをいう。

午後、塩官鎮《えんかんちん》へ。ラッパのような河口から潮が川をせめ上がる「海嘯《かいしょう》」という現象を見に行った。高いときは十メートルもの高波となるらしい。十分待ちで潮が来た。この日は一メートルくらいの波だったが、そのとどろきだけでも来た甲斐はあると思わされた。

塩官鎮とはその昔、官営の製塩所があった町。陳閣老《ちんかくろう》の旧宅へ赴く。陳閣老は、十八世紀に内閣顧問団を務めた人物で、清朝第六代の名君、乾隆《けんりゅう》帝の実父という噂がある。五代雍正《ようせい》帝の妃が産んだ子が生後すぐ亡くなり、同じ頃生まれた陳閣老の子と入れ替えたというのだ。誰のしわざかはわからない。

「乾隆帝自身も否定はしなかった。そうなら乾隆の両親は漢民族ということになり、満族である清が漢族を治めるのに利ありという深謀遠慮かもしれません。乾隆帝は旅が好きで、江南に何度も来ているので、そういう噂が立ったのでしょう」

と、鍾さんは司馬さんが書いておられるようなことを言った。ローマ皇帝にせよ、日本の代々の天皇にせよ、貴人は城の中では籠の鳥、旅に出ると少しは自由に息が吸えたのだろう。

社会や政治と格闘しつづけた人、魯迅

そこから紹興へ。杭州でも紹興でも、司馬さんの愛した「白い壁、黒い瓦」の簡素な民家は健在だった。残念ながら農村では、その後ろに三、四階のタイル家屋が新築されている。しかも申し合わせたように、屋上に青いミラーガラスのついたサンルーム様のものがある。

どうしてみんな同じデザインなの、と聞くと鍾さんが、「あれと同じに造ってと言えば設計料がかからないから」と笑った。都市では「白い壁、黒い瓦」の民家群を壊して、バ

ルコニーとイオニア式列柱のついた高層マンションが建ち列ぶ。このバロック式風建築から赤や黄色の洗濯物が垂れ下がって、なんとも不思議な景色だ。

魯迅の生家は昔ながらの静かなたたずまいを残していた。「材は松や柏ですね」と鍾さん。

魯迅は清代の科挙を受けた最後の世代で、浙江《せっこう》省で二十七位。弟の作家・周作人《しゅうさくじん》は十位だそうな。その下に周建人《しゅうけんじん》という生物学者もいて、まことに優秀な一族だ。合格者には、上位から状元《じょうげん》、榜眼《ぼうがん》、探花《たんか》などの称号がつく。浙江省は南宋の貴族が逃げてきたところで、文化的水準が高く、ここで高位をおさめるのは難しかった。全国の有能な人材（ただしもちろん女性を除く）を発掘・登用するシステムが機能していたことに驚く。

「いまでも江南から大学に行くのは内陸部に比べてはるかに競争が激しいですよ」と鍾さん。「受験競争が過熱するのはどんなもんかしらね」というと、京大で学ぶ鍾さんはむきになって断言した。

「それでも中国で一番公平なのは大学受験です」

その封建時代の科挙を受けた魯迅が日本に来て、仙台で近代医学を学んだというのが興味深い。高校の教科書で「藤野先生」を読んで以来、安楽をめざさず、社会や政治と格闘しつづけた人として、魯迅を敬愛してきた。その生家や学び舎を見ることができ、強い感動を覚えた。旧居の裏庭には作品にも出てくる百草園があって、野菜が青々育っている。鍾さんに聞けば「九頭芥《ジュートウザィ》」といってカラシ菜の一種らしい。

彼の愛した「咸亨《かんきょう》酒店」の中庭で、タニシや黄ニラの炒め物で白飯をかっ込む。作中の働く人民になった気分である。暖房はなく、きのこと豚骨のスープの湯気だけが頼りだ。

階段で水を汲む人々、水辺で遊ぶ子供

翌朝、博物館で教わった古い街区、紹興八字橋《はちじばし》へ。すばらしい。運河沿いに、白い壁の民家が建ち並び、しかも観光化されているようには見えなかった。舟を通すため、階段でせり上がった橋。壁にしみ出た釉薬のような緑と黒のしみ、風雨で灰色となった瓦。川へ降りる階段で水を汲む人々。水辺で遊ぶ子供。黒い帽子の似合う男たち。油で魚を揚げる匂いと練炭の臭い。五感のすべてが快くゆさぶられる。橋の上で会ったおじいさんが、高層アパートに住む気はしないよ。馴れたらこっちの方がいい」と買物籠をさげて橋を降り

ていった。

一軒の家を訪ねると、中学の英語教師という女性が話してくれた。

「ここは空き家はないし、住みたくたって住めないのよ。私は二十四年前に嫁いできたけれど、みんなすぐ仲良くしてれたし。空気は新鮮だし」

政府は三億元（約三十九億円）かけて市内の古い町並みを観光地化したいらしい。

「だからだれも引っ越さないのよ。補償金が出るのを待つつもり。夏は橋の上でみんなで納涼大会。ただ春から夏は見学者が多くて、うちの息子が勉強するにはちょっとうるさいかな。船でスイカ売りが来て大きな声で呼ぶしね」

町。そして家々。壊すのでなく、まっさらに直すのでなく、しみやホクロや皺のようなものまでも、年を重ねた美しさと認識できるまでに、私たちはそれほどの成熟を必要とするのだろうか。

いつまでも緑灰色の水面を眺めつづけていた。

韓国　2016.11

ソウル　オーガニックフードの旅

韓国のオーガニックフードの主導者、玄義松《ヒョンイソン》さんは絵描きでもある。ソウルでその個展のオープニングがあるので行かないか、と槇ひさ恵さんが誘う。いつもはタイに一緒に行く先輩だ。たった三日間の上に、行きはゆっくりの便、帰りは早い便、免税店に連れて行かれるソウルなんて、と思ったのだが、これは行ってよかった。

チェジュ航空という格安会社で、成田の第三ターミナルから出発。ここは建物も簡素で、昼ご飯にたこ焼きとか讃岐うどん、長崎ちゃんぽんとか安いのはありがたかった。ところが槇さんのパートナーの農学者小松光一先生が家にパスポートを忘れてきたという。航空会社から直接買えばカウンターで対応してくれるが、旅行社経由だからそちらに連絡しろという。旅行社の対応はひどかったが、チェジュ航空窓口の若いお兄さんが親切で、夜の便を往復で二万ちょっとでとり直してくれた。小松さんは家に戻ってパスポートを携帯し、あとから来ることになった。

この飛行機は三人ずつの二列で、機体は細長い。仁川《インチョン》国際空港に三時に着いた。空港は信じられないほどきれいだった。七人乗りの車が迎えに来ていた。私たちは朴槿恵《パククネ》大統領の汚職の話で盛り上がるが町は平静。ただ警察のバスが待機していた。

ソウルの発展したこと。都心を通るからか知らないが、伝統的な建築もないし、庶民的な集落もない。薄いブルーのガラスでできた超高層ビルばかり、それも皆、脱構築的というのが、斜めに傾いたりしている。私が最初に来た一九七三年は町の看板はハングルでなく、漢字ばっかりだった。

オーガニックな韓定食

着いたのはセジョンホテル。日本人ばかり泊まる五つ星。なかなか対応は良い。とはいえ、部屋は窓も小さく、狭かった。

早速、今回の主役玄《ヒョン》さんが迎えに来て、タクシーでどこか住宅街のなかにあるレストランに行った。普通の家みたいな構えで、オーガニックの韓定食を出すらしい。

玄さんは広岩里《クァンアムニ》という田舎の生まれで、韓国農協中央会の理事、農民新聞の編集長を務め、画家でもある。ソウル大学農学部から一橋大学に留学したことがあり、日本語は上手。七十四歳。小松さんより一つ上だ。

他に農民新聞の元記者、農協中央会の第一代会長。この人の演説が長かった。六十三年に初めて日本を訪問。それから朴正煕時代の農村緑化セマウル運動の指導者になったのち、国会議員を務め、金泳三《キムヨンサム》大統領によって追い落とされた。自分は「身土不二」（地産地消に近い）を大事なスローガンとして使ったが、今の人はそれを使わないと不満そうだった。

「私は一九七三年、セマウル運動のお手伝いをしにユネスコから派遣されて韓国に来ました」と言うと話が弾んだ。実は十八歳のとき、朴正煕大統領のお先棒を担がされ、毎日道づくりにこき使われたとはいえなかった。

食事にはまったく化学調味料が使われておらず、すべてすうっと胃に収まった。キムチも、水キムチも。豚の柔らか煮ポッサムも、チヂミも。帰ったのは夜九時ぐらい。寝ていると十一時過ぎに小松先生到着。ホテルの裏の店でキムチ鍋、チヂミ、などかなり濃い味のものが出てくる。小松先生にさっきのさっぱりしたごちそうを食べさせたかった。十二時に寝る。

安全で安いハナロマート

二日目。朝は八時に集合して、おかゆの店へ行く。韓国人と結婚した日本人女性が寒い中コートを着て客引きをしているが親切で、「ソロンタンならそこで食べたら」とよその店を教えてくれる。そこのおかゆはアワビがゆは二万ウォン（二千円位）もしたが、アワビが多くておいしかった。キノコと牡蠣のおかゆはもっとおいしかった、それに化学調味料は使われていない。満足。

九時半にバスで農協中央会の「はなまるクラブ」に行く。漢江《ハンガン》の向こう側の新興住宅地にあった。映画を見せていろいろ質問に答えてくれた。日本の農協は生産物の全量引き取り、農機具の斡旋、農薬や肥料の売買、預金と貸し出しなどが主だが、韓国農協中央会は韓国内に三十のオーガニック・スーパーマーケットを作っている。「韓国の生産者と消費者を幸せと健康でつなぎます」という立派な日本語のパンフレットまである。

ハナロマートといい、完全に国産品しか扱わないし、残留農薬などの検査も行い、安全な食品をできるだけ安く提供している。オーガニックコットンの寝間着や枕まで売っていた。私は蜂蜜とゆずの飲み物、規格外の高麗人参を安く買った。各大学の学生食堂に安全な食品を送ってもいる。オーガニックな「愛のキムチの日」の開催などのせいで、マーケットの周りに住むお客が多くなってきた。

通訳の金さんは農協中央会の東京にある日本事務所に駐在したことがあり、いま大学の博士課程でも学んでいる。それから近くのコムタンの店に連れて行ってくれた。「伝統的コムタン」という名のところだ。いまは炭火でなくガスだが、巨大な鍋をいくつも並べ、グツグツと牛肉、牛骨を何時間もかけて煮ていた。ビニールをかけた野外で開放的な店だった。舌がやけどしそうだが、白濁したスープにネギをたくさん入れるとじつにおいしかった。日本でこのレベルのコムタンを探すのは難しい。

そこからアートの町仁寺洞《インサドン》に行って、私はあちこち路地を歩いてみた。

玄さんの個展へ

いよいよ玄さんの個展「身土不二」のオープニング、農林大臣まで参加。「北の同胞のために食糧を増産したい」と挨拶する人もいた。絵は玄さんそのもののように穏やかで、故郷広岩里の山々、田舎の古い農家の風景や、牛や馬などの動物、麦畑やミツバチ、生態系の循環などをアクリル絵具で描いていた。「機会があれば絵を都会の室内だけでなく、故郷の青空の下で展示したい」と玄さんは言う。

玄さんはそのあと気を使って、牛肉しゃぶしゃぶの店でごちそうしてくれる。もうお腹いっぱい。日本人だけになると、カフェで飲み直そうということになり、赤ワインを二本飲んだ。飛び込みの店だったが、チェ・ゲバラをたたえる曲を聴きながら、クリスマスの飾りを見つめながら、藤田和芳さんから「大地を守る会」の立ち上げの苦労や、はるか昔の恋の話などに興じた。六十、七十代だから誰も笑わない。静かにしみじみと聞いている。

そのあと男性三人はまた飲みに行ったらしい。ホテルでテレビをつけるとアメリカの民主党代表選で勝つと思ったヒラリーがオバマに負けそうだった。

日々発展する韓国

三日目。朝七時十五分に地下鉄で二つ乗って東大門デザインプラザに行く。これは癪だけどザハ・ハディドの名建築。バルセロナのグエル公園みたいな観光名所にもなるだろう。でもこの曲線の外壁の補修だけでも相当費用がかかるだろうなあ。

戻って少し休み、多味粥《タミチュ》というおかゆ屋に行ってサムゲタンやおかゆや餃子を朝食に食べたが、愛想もないし、化学調味料の味が強かった。先に失礼して足のマッサージの店に行き、十一時半に集合、またバスに乗って、空港へ。

この前、韓国に来たのは、『海はあなたの道』（ＰＨＰ研究所）の取材で十数年前だから、韓国がどんどん発展しているのがわかる。漢川の対岸は高層マンション群に。一方、清渓川《チョンゲチョン》に高速道路を景観回復のために撤去したのなんか、日本橋の上に高速道路をかけて平然としている日本とは比べものにならない英断である。ヒューンダイ、サムスンはトヨタやソニーを追い抜きつつある。前は円をウォンに換金するとずいぶん使いでがあったものだが、今ではそうでもない。ソウルの嫌いなところは相変わらず、学歴信仰と受験競争である。一人あたりの平均年収もそのうち追い越されるだろうと思った（二〇一九年、韓国は十九位、日本は二十四位）。

台湾　2016.12

先輩たちと台湾食い倒れの旅

学生時代から知っている七つ年上の歴史学者、武田佐知子さん、通称さっちゃんは、知らないうちに大阪大学の副学長になられたが、相変わらずみんなで楽しむのが好き。高校の同級生の仲間で台湾に行くからあなたも来ない、という。女帝のような貫禄があるので、男友達はイメルダとよぶ。さながら私は腰元。

朝早く羽田空港で集合、全員すでに集まっている。JALの機長だった小田さんがチケットも宿もすべて手配してくれたので何事もスムーズ。三時間半で台北に着いた。

小田さんは私の学部の先輩だが、会社に入ってから操縦を学び、キャプテンになった。以降、みんなキャプテンと呼ぶ。「自分は幸い一度も事故に遭わず、怖い目にあったことはない。エンジンが二つ動かなくなると危険。昔はキャビンアテンダントをスチュワーデスと言ってたが、アンカレジでトイレの蓋の上に立って振り袖に着替えたりしたものだ。あれは二部式の安い着物なんだけど、それでも上と下で合わせ方を反対にした人もいてね。大変な仕事ですよ。

ハワイで屋根が取れて乗客が凍傷にかかった事故もあった。急にガクッと高度が下がり、シートベルトをしないで通路を歩いていたスチュワーデスが天井裏にズボッと入って亡くなったケースもある」とその業界の人でなくてはわからないことを聞くのが興味深い。

初日からおいしいもの三昧

ソウルと比べると台北の建物はまだ古ぼけているが、道は立派になっていて、地下鉄も何線も通っている。みんな整列乗車をして規則正しく動いている。乗ると若い人はみんな席を譲ってくれる。地下鉄のかわいらしいパスネットを買ったら使い勝手がよく、百元入れた。台湾元は四円位。ホテルは忠孝敦化駅上の神旺《サンワン》ホテル。

昼飯、鼎泰豊《ディンタイフォン》という有名な飲茶に行くのだが、その前に桑木さんと一八九五年創業の度《ど》小月《しょうげつ》」でちょっとだけ担仔麺《タンツーメン》を食べて、カラスミも食べて二人で二百円位払った。漁師たちが漁のできない季節に天秤棒でかついで麺を売り歩いたのに由来する。桑木さんに「桑木巌翼《げんよく》と関係ある?」と聞いたら「大伯父だよ。うちの祖父は英文学者」とのこと。「それより、母方が須磨弥吉郎といってスペイン公使をして諜報の専門家だったんだ。そっちの一族の方が興味あるな」と言う。リタイア後は赤いオープンカーを乗りまわして旅ざんまいの楽しい方。

飲茶で小籠包をどっさり食べた。ビールも飲んだ。ホテルで休む。駅のすぐ真上で駅にエレベーターもあったし便利だ。一泊二千九百元、つまり一万二千円位だけど一人に一部屋ずつ、とても広い。アップグレードしてくれたとのこと。

またみんなで地下鉄の路線に乗って、北投《ペイトウ》をすぎて淡水《タンシュイ》という古い港町に行く。ちょうど夕日が落ちるところだった。川沿いをそぞろ歩いてムール貝を食べる予定。ところが一本裏の道の福来飯店のショーケースにたくさん魚が泳いでいたので、そこがいいんじゃない?ということに。みんなお鍋を食べていた。地元の人気店で、私たちはマテ貝の炒めもの、エビの蒸したの、ハタハタ蒸しなども食べておいしかった。

いろいろ話すと面白い方ばかりで、女医さんもいるし、今泉さんは先祖は有田の陶芸家の一族、建築史家もいる。川沿いに戻って別の店にはしご、ソフトシェルクラブの揚げ物、念願のムール貝などを食べた。地下鉄で戻って、九時には消灯。

どんだけ食べるの?

朝は桑木さんと地下鉄を乗り換えておにぎりを買いに行った。劉媽媽飯糰《リューマーマーファンチ》、紫と白のもち米の間にそぼろとか魚とか塩、パリパリした油条を挟んで、ちょっと油っぽいけどとってもおいしかった。桑木さんは台湾ではこれが一番好きだそうだ。それでは足りなくて、みんなで二度目の朝食を食べに行った。

市政府という地下鉄の駅の上から長距離バスに乗る。郊外の宜蘭《ギラン》へ、駅から文学館とかウィスキー工場とか、町を歩く。こぢんまりして低い家ばっかりで、醬油工場が経営する「老媽媽桶仔雞餐廳」で鶏の醬油焼きを食べた。パイナップル味の豆腐乳と醬油につけ込んだ大きな丸鶏を壺焼きし、薄いプラスティックの手袋をはめてちぎり、食らいつく。肉はたいへんに柔らかくてジューシー。添えられたカボチャとサツマイモにも肉の味がしみている。一緒に出てくるあらゆる種類のキノコの入ったスープがおいしい。佐知子さんと私は、桑木さんに「おまえら、どんだけ食べるんだ」とあきれられた。

ホテルで休んで、夕方は「度小月」に鳥のそぼろとニンニクを乗っけたうどんみたいな麺を食べに行った。もちろんそれですむはずはない。店にあったあらゆるおいしそうなものを食べちゃった。銀杏とエビの炒めたの、青菜のおひたし、いかの冷たいの……。要するに食い倒れ旅行なのだった。

ものすごく上手なマッサージ

三日目、隣のビルに入ってる「京星」という店で朝ご飯に、おかゆあるいは麺。台湾は味が薄い。でも化学調味料は使ってないようだ。それと麺でもなんでもぬるい。ついこの前、韓国で舌をやけどしそうなコムタンとか石焼きビビンバを食べたばかりでなおさらそう思う。気候の差だろうか。

おかゆ、春巻きでお腹いっぱいになって、十二時まで自由行動だったので、私はその近くにあるスイス人の呉若石（ジョセフ・オイグスター）神父さんが開発した足裏マッサージの本拠地へ。すいていて六十五歳のおじさん先生が二時間半やってくれた。ものすごく上手。肝臓、膝、首、肩、耳など、よくないところ全部指摘。のど、鼻、首、肝臓、目が悪いらしい。漢方のクリームを塗って背中や首のほうも全部やってもらう。何食わぬ顔でホテルに戻る。

十二時にチェックアウト。空港の近くの繁華街の龍都酒楼《ロントウヂォーロウ》に北京ダックを食べにいく。二羽頼もうとしたら店の人は一羽でじゅうぶんという。たしかに北京ダックは皮だけだが、ここでは肉も食べる。ただ人気店だけに仲居さんたちがちょっと横柄だ。また桑木さんに私とさっちゃんは「おまえら、どんだけ食べるんだよ」とあきれられた。近いので空港までトランクを引きずって歩いた。

台湾　2019.12

台湾の南へ行く

なんだか、今年は久しぶりに台湾の当たり年だ。

夏に谷根千の若い建築家たちと台北の昭和な町を歩き、ビール工場や煙草工場のリノベーション建築を見た。

二〇一八年の夏、能登の七尾に行ったとき、台湾からのお客たちと一緒に食べたり飲んだり泳いだりした。みんながたいのいい、自信たっぷりの三十代で、小さな子供を連れている。話を聞いて驚いた。彼らは台北・小松間に便があるので、金沢あたりの古民家を買って別荘にし、空いている間はゲストハウスにして活用するつもりで、物件探しに来ているという。もう負けましたというかんじ。しかも彼らの一人、謝文さんは台南で、同じようなゲストハウス事業をしているのだという。二〇一九年冬、そこに行くからどうか、と建築家の奈良さんがいう。

六合夜市のにぎわい

四時間半かかって高雄国際空港に到着したのが四時。台南に行く前に、一人でちょっと高雄の町も見たかった。というか台南へ行くには成田から高雄に飛ぶのが便利だ。荷物はスイスイ出てきて入国手続きもすまして、お金を替えた。一万円で二千六百台湾元くらい。MRTで高雄駅まで行って、これがものすごい大きな駅内。現在工事中。そこから宿まではほんのちょっとなのに、なんだかすごい長い道路を歩いた。

シングルイン・カオション・ステーションは大きな道の角でスタッフがとても親切。あまりに部屋が暑いのでエアコンを二度下げてもらった。シャワーを浴びて薄いものに着替えて、町に出て日本語ペラペラのおじさんのいる喫茶店でコーヒーを飲んだ。なんとなくもじもじしてた。七時位から日本の経済政策などについて日本語で勉強をやるらしい。それを私に見られたくなかったらしい。

それから夜市に行く。今日は一人でゆっくり楽しもう。

高雄の六合国際観光夜市はちょうどいい規模で、みんなとても親切だった。最初は魚の団子のすり身のスープ。無添加ですごくおいしい。海鮮がゆの店はたくさん海鮮が入って百二十元。足をもみに行ったら「ちょっとむくんでるね」とか言われて、すごく親切にしてもらったのでチップをあげた。四十分で六百円くらい。

戻りがてら、愛玉子《オーギョーチ》レモネードを飲んだり、鴨の足を買ってかじるが、食べるとこがない。サイコロステーキも食べたけど、これも胡椒と塩が効きすぎて辛かった。最後に小籠包の屋台に入ったら、なんてことのない店だがおいしかった。小籠包ってこういうもんなのかと初めてわかったくらい。そんなに熱くないけど、ちょっと汁が出てきて生姜と酢と醬油とトンガラシをつける。きれいな女の人がバクバク食べる。上品にレンゲを使うものだ。牡蠣の入ったお好み焼きを食べる姿もなかなか気高くて、落ち着き払っていた。その店には二匹も犬がいて、口輪をかませられてかわいそうだった。

台湾では空港などに持参のペットボトルに水を入れる場所があり、みんなが水筒をもっている。トイレに入ると便器の中に紙を捨ててはいけない。日本人みたいにおためごかしにペーパーを三角に折ったりしない。この方が合理的だと思う。

レストランで家族でかなりたくさん料理を注文して食べるのを見ると、市民には余裕がありそう。ホテルの先に「ジャストスリープ」(寝るだけ)というよさげなベジタリアン的な宿がある。今度はそこに泊まろうか。一人で夜市の近所に泊まって、毎日何か違うものを食べたりするのも安いし、面白いと思う。

旧日本人街あたりで

美麗島《びれいとう》駅まで歩いて、西子湾《せいしわん》というところまで地下鉄に乗って出たら、反対向きに歩いてしまった。見にくい地図だ。洞窟とか、日本統治時代の剣道場、武徳殿を見る。セブンイレブンの前でもち米にアヒルの卵とパリパリした油条みたいな魚の天ぷらを入れたおにぎりを買っている人がいておいしそうだった。雨が降ってきて傘を買おうとしたら、折りたたみは四百五十元、たたまないのは百二十元。ちょっと高い。

それから反対の島に船で渡った。行きの船で一緒になった日本人と話した。このまま一緒についてきたら困るなと思ったら、向こうもそう思ったらしい。「じゃあこれで失礼します、お元気で」と終わってよかった。旅は一人に限る。

今度は旧日本人街がある臨海三路をウロウロしてたら、料亭跡をリノベしたカフェ一二三亭《ひふみ》もあった。並びの打狗《ターカウ》文史再興会という町づくり団体には社陳さんという一九九〇年生まれの青年がいて都市計画が専門。フリーランスなので収入も少なく、後はカリグラフィーと写真を撮ってインスタグラムをやったり、ローカルガイドをやったり、この地域についてレクチャーをやったりで暮してるらしいけど、真面目でこの台湾高雄市の市長のリコール運動もやっている。

地域の自治体と喧嘩ばかりしてるそうな。私と同じだ。台南の「謝文さんのこと知ってる?」って言ったら、「知ってるけどやり方が違う」と言ってた。自分の本や、地図もくれたので、「日本に来たら谷根千に来てね」と言った。

彼は沖縄と京都と金沢と飛騨の高山には行ったことがあるそうだ。

鉄道博物館

哈瑪星《はません》鉄道文化園区へいく。日本語のよくできる大柄な太った男の人がいて、「日本時代にこの辺は浜町といった。港町というのもあって、一番最初にここに高雄駅ができた。今のとこに移って、ここはその後貨物専門の駅になったけど、二〇〇七年頃に廃止された」と教えてくれた。荷受け札を会社別に入れる箱が今も残っている。この辺の人は日本語がわからないから、屋号のマークで覚えたのだという。

広い広場には引き込み線の跡があり、新しいトラムのような交通システムを持ってきていて、どっかで地下鉄に乗り継ぎできる。倉庫街があってそれをリノベーションしている。それも日本だとカフェか雑貨店くらいで退屈だが、アトリエとかＬＲＴの新交通システムと組み合わさってるから新鮮だ。倉庫街には職人たちの仕事場もある。台湾ヒノキの枠のついたガラスのトレイを二つ買う。クラフトビールがなんと二十九種類もあったので半パイント飲んだ。それから歩きに歩いて三時半ぐらいに牛肉麺を食べる。麺が太くてシコシコしていて、あっさりした味だった。すごく混んでいた。

ゲストハウスの場所

タクシーでホテルに戻り、荷物をとって旧高雄駅に行って高雄駅の古い構内を見ていたら「日本人が綺麗な建物を造ってくれてありがとう」とクリアファイルをくれた。それから台南までの切符を買う。電車が来たのはかなり遅くて、着いたのは六時過ぎだった。もう疲れたから駅前からタクシーに乗ろうと思ったのが大失敗で、「日本人か」と言っただけで違う方向に走り出して結局、西門路沿いの適当なとこで降ろされてしまった。

今日、泊まるゲストハウス「ファン・サイモン」の場所がわからない。そこにあった電気屋さんに飛び込んだら、すごく親切にスマホであれこれ調べてくれて、口で言うんだけどお互いよくわかんないから翻訳機能を使い「車で行きましょう」と見せてくれた。

奥さんがバイクにまたがり足でトランクを挟む。私を後ろに乗せて、私は鞄と傘を抱えてこわかった。結局ものすごくわかりにくいところで。あとでよく見たら三越とその手前の大きなホテルを横丁に入ったところだった。

にっこり笑ってその人は行ってしまった。ドアを開けてくれた宿のオーナーのお兄ちゃんは三十歳で、私のために二階のいい部屋を用意してくれていた。そしてもちろん荷物を運んでくれて、部屋はすごくスタイリッシュでシンプルでとてもすてき。今日も客が二十四人。商売は大成功なのではないだろうか。

少し休んでから、近所でエビのご飯とか、たまごスープを食べて帰ってきた。そしてタピオカを頼んで四十元払ったが「冷蔵庫に何が入ってんの?」と聞いたら、「僕のビールだよ。飲む?」とオーナーが一缶くれたので、ゆっくり両方飲んだが胃ががぼがぼで眠れないような感じ。

司法博物館

台湾の日本家屋の特徴は、どこか日本と違う。素木でなくラッカー仕上げみたいに塗ってしまうからか。

朝、まずはファンサイモンの近くの魚のおかゆや「阿堂鹹粥」に行って、虱目魚（サバヒー）の丸のまま入ったのを食べることにした。待っている間、油条を「サービス」と言って、くれた。出来上がるとすごい大きな声で、「おい」と客に声をかける。

ナンプラーと唐辛子を足すと、ますますおいしくなった。素敵な女の人とお嬢さんが食べに来ていた。ほとんどの人が買って持って帰るみたいで、バイクに乗って取りに来る。なかなか順番が回ってこないで待たされる。

その並びにあるバロック式の司法博物館の建物は本当にすばらしかった。法律というものを身近に考えるために様々な工夫があり、模擬裁判ができる。そもそも無料で入れるし、子供たちが法律を知るための部屋もあったりとか、ここで裁かれた災害の事件についてもわかるようになっていた。夫婦で裁判官をやった人の展示もあり、二人とも裕福な家に育ったが、一九四七年に起こった国民党政権による白色テロ二・二八事件で投獄されたりもしたとか。たくさんの台湾人が訪れていた。

昼はシュウマイの店ぐらいしか開いてない。碗粿《ワーグイ》の店に入る。豚肉か。茶碗蒸しみたいとガイドブックに書いてあるが似て非なるもの。餅米を粉にして、卵やしいたけ、エビや豚肉の大きなのを入れて蒸したようなもので、結構固かった。でも見た目がこれほどひどく、食べてみるとこんなにおいしいものはそうはないだろう。

手前にちょっとすてきなカフェがあって、コーヒーの匂いがしていた。その先の有名な愛国婦人会館の建物の手前に有名な果物屋があった。莉莉水果店。一九七四年に開店、ついそこでフルーツのせ氷を食べる。

こんなに食べたら大変だ。バカは休み休み歩こう。

鄭成功の廟

孔子廟は改修中で入れなかった。石碑がいっぱいあった。それから臨水夫人媽廟という子供が欲しい人のお参りが多いところ。その反対側が鄭成功《ていせいこう》の廟で、彼は中国明代の大臣だが、お母さんは日本人で平戸の人。オランダ人から台湾を解放した英雄、孫の代で清に負けた。日本では近松門左衛門の「国性爺合戦《こくせんやがっせん》」のヒーローとして知られる。

東嶽殿という閻魔様を祀る廟ではお祈りの人が頼んだらしく、男の人が冠をかぶって太鼓を鳴らし、鞭を鳴らしたり踊ったりしていた。たくさんの紙の紙幣を燃やす人々、黄泉《よみ》の国の先祖が困らないように送るのだ。燃やす紙幣を作ることで食べている人もいるらしいが、燃やすことが環境問題になりかけている。

ふしぎな格好をしている人が多い。半袖なのに分厚いタイツを穿《は》いていたり、こんなに暑いのにダウンコートを着込んでいたりする。その足元を見ると裸足にサンダル。

トイレの便器は相当チャチ。ただトイレの紙は中にあるといっぱい使う人がいるので、外にあって、いるだけとって入る。日本でもそうすればいいのに。

みんな明るくていい人たちだ。アバウトなのも好き。四元にちょっと足りなくても、いよいいよそれでと言ってくれるし、船も早く行きなと行ってお金が足りないのに何元か負けてくれたし、バスも適当に払ったらそれでおろしてくれた。すごいな、日本では考えられない。

国立台湾文学館と林百貨

国立台湾文学館に行った。文化財の保存についての展示があったのには驚いた。建物の中庭がすばらしい。いつまでも座っていたい。それからそこからこじんまりしてレトロな林百貨《リンバイフォ》、どこもＮＨＫドラマの昭和の大道具みたい。

その近くで酸っぱい果物の蜜に氷をかけたのも食べる。氷は異常に大きいので、隣にいた台湾人三人に分けてあげても食べきれなかった。浅草のびっくりぜんざいを思い出した。

二人は大阪に暮らして働いているカップルと、成功大学を出た機械の専門家で、日本に暮らしたことがある青年だった。「おいしい店はガイドブックに載ってない」と言って、いくつか店を教えてくれた。昨日バイクで宿まで案内してくれた電気店にもお礼の挨拶に行って、チョコレートを渡してきた。

謝文さんの宿

ようやく去年、能登で会った謝文さんの経営する宿に着いた。ホテルでもないしゲストハウスでもない。宿そのものである。

メールをやり取りしていたのは、生方さやかさんという若い女性だった。すごくしっかりしている。でも肌のつやはさすがに二十二歳。高校を出て能登の加賀屋で何年か着物を着て働いていたそうだ。それから金沢に謝文さんがゲストハウスを造るのでその見習いでこっちに来て、また何ヵ月かしたら金沢の宿の管理をするために戻るそうだ。

私が予約したので、私の本を二冊アマゾンで買って読んでくれたそうだ。今日の夜は多分、謝文さんが奈良さんたちを駅まで迎えに行って、ご飯を食べに行くだろうとのこと。

謝さんの家はもともと西門市場で繊維関係の問屋をやっている裕福な家。大学はオーストラリア、最初は正興街でカフェを始め、この事業を始めてもう七、八年で今四十四歳ということだ。白いポルシェに乗っている。「お客さんは台湾人がほとんどで、日本人はたまにしか来ない」と生方さん。

私の一階の部屋は古い家を大事にして、それこそ映画のセットのようによくできていた。それもまがいものではなく本物。ベッドにかけられた蚊帳は謝さんの母が縫ったそうだ。古い椅子に座ってしばし陶然とした。

夜の七時半過ぎに奈良さんと木村さんが到着。たくさんお土産を持ってきた。木村さんは金沢市の市職員で、観光とか産業の担当で、金沢への集客のため、香港やソウルにも行ったが友達はできなかった。しかし台湾でいい友達ができたので、市役所をやめて、台湾と交流をするつもりという。

夜は羊肉の鍋の店に行く。羊を食べるというより、餃子とか練り物とか野菜が主だ。そのあとに、ジュースを買う。一つ五十元で、いろんな飲み物がある。レモンとキンカンとハチミツのジュースがおいしい。紙コップにジュースを入れると機械で蓋をして、それを太いストローでつき破って吞むから中身がこぼれない。

それでは終わらない。そのあと今度は果物屋に行って、たくさんのフルーツの盛り合わせ、スイカ、メロン、マンゴー、ジャックフルーツ、それと梨とリンゴ、トマトに梅を挟んだもの、トマトに酸っぱい蜜をかけたもの、みんなおいしいがおなかいっぱい。台湾のおもてなしはエンドレス。謝夫人は早稲田に留学していて、日本語が上手。旅行会社社長の龍さんも合流。十時半くらいに帰って寝る。

台南のおいしさ満喫

朝ごはんは、保安路の阿村牛肉湯という牛肉スープ屋で。ちょっと辛めの醬油スープに薄いレアな牛肉が浮いていておいしい。帰りがけに宿のそばの餃子と饅頭を買う。これもキャベツがシャキシャキしておいしい。翌日は彼らは仕事の打ち合わせ。私は南に下りて、保安市場をのぞき、公園を歩き、客家《はっか》の文化会館をのぞく。エーザイに長年勤めていたという客家の男性が日本語でいろいろ説明してくれた。

文化、服装、食事、家について。客家出身の有名人は李光耀《リークアンユー》、孫文、李登輝、今の蔡英文総統なども客家にルーツがある。

宿に帰ったがみんななかなか戻らない。一時過ぎ、謝文さんが、「お腹すいた？　食べに行きましょう」と迎えに来てくれ、フランス料理のシェフが開いた麺の店に行く。面白い。「多彩、自由でしょ。台南はおいしいね。台北はダメね。空気も悪い」と謝さん。故郷をひいきする。

さらに市場の中のパンをくりぬいてホワイトシチューを入れたグラタンみたいな「棺《グゥン》材《ツァイ》板《バン》」とか、サンドイッチハウス、ジューススタンドなど見て正興街での休日イベントに参加。町を盛り上げた若者たちは結局、地価が高くなって追い出されてしまったとのこと。何だ、謝さんて、台南の谷根千みたいな活動をしていた人なんだ。

奥さんは台北のお嬢らしい。台北は湿気があって、鼻水が止まらないと。そのうち謝さん、奈良さん、木村さん、三人はリノベした三階で卓球をやりだしたり、ブランコに乗ったり、まるで子供。

結構疲れて宿に帰り、男性二人はこれから広い郊外の博物館でのパーティに行って、その後、カンフー映画を見に行くというので、私は聞いただけで気が遠くなりリタイア。夜ご飯は角の麺屋さんで食べ、そこの主人はベロベロに酔っ払っており、変なジェスチャーで私にどこから来たのか、夫は、子供はいるのか、いろんなことを聞いた。常連の老人が「ここは三十年老店だから大丈夫だよ」みたいなことを私に言った。九時ごろに寝た。

海辺の町　安平へ

朝、木村さんは飲みすぎたのか起きてこなかった。奈良さんとイカ麺を食べに行こうと思ったのに、その手前の鍋焼き蕎麦屋で引っかかり、これがとても優しい味。すまし汁に、卵、野菜、その中に焼き麺が入って、これがシコシコしておいしい。二日酔いには最適。ぶらぶら路地路地の間の面白い風景を探して帰る。

それぞれ行きたい場所もあるので、別れて夕方四時ごろに集合することに。私は安平《アンピン》へ行った。海辺の町だ。十六世紀頃、東アジア貿易の拠点にしようとオランダ人が来て造ったゼーランディア城がここにあったらしい。それは鄭成功の攻撃で一六六二年に陥落したが、安平古堡として残っている。その当時の高いレンガの壁は砂糖とか、いろんなものを練り合わせてレンガを接いだみたい。他にも、ほとんど樹木と化した家、天皇后の社、池、砲台、教会、うらうらした静かな水濠だった。

豆腐に蜜をかけたのを食べた。こういう豆腐の利用方法もあるのか。名物の牡蠣の春巻きと牡蠣オムレツは油っぽくてそれほどおいしくなかった。帰りに名物のカラスミを買った。行きはバスのストップを探すのに手間取り、結局、タクシーで行ったら百五十元、六百円くらい。帰りはちょうどバスが来たので乗ったが、バス停から宿までかなり遠かった。帰りにレモン蜂蜜ジュースを買って帰ったら、さやかさんがもっとおいしいすいかのジュースを用意してくれていた。

夕方四時半ごろ、謝さんが迎えに来て、四重渓《しじゅうけい》温泉に連れて行く、とのこと。一時間半のところを四十分で飛ばせるという。すごく怖い。温泉に入るなら帽子がいるかもね。そうしたらセブンイレブンの袋を被ろう、なんて冗談を言う。みんなの分も帽子を持ってきてくれた。

私とさやかさんは大浴場で水着を着る勇気はなく、個室の泥風呂に入った。気持ちよかった。そこを出ると、ここは鳥の壺焼き料理が名物。山の民族の料理で、鳥をポットで焼いたもの、シャキシャキした炒め物が二つ、サービスはサツマイモの揚げたて、梅干し味のスープ、など。経営者の威厳ある女性はこの山の部族のプリンセスだという。男たちはそのあと宿に車を置いてまた飲みに行き、十二時半過ぎに帰ってきた音がした。

帰る日。早朝五時十五分に金華路にタクシーが迎えにくると言う。本当かな、と真っ暗な中で待っていたら二十分くらいに来た。六時十五分にぴったり空港に着き、三百五十元だったのには感激。しかしそれから搭乗まで待つ時間の長さ、寒さ。乗った便はピーチ。格安で、機内食はいっそないほうがいいが、毛布もない。寒さに震え、仕方なく、汁物を頼んだら、インスタントのものすごい代物だった。それでも飲むとあたたまった。

十二時、日本時間で一時に成田に着き、幸いすぐにスカイライナーが来た。一時半頃に日暮里の川むらで蕎麦を食べ、谷中銀座を歩いて帰った。谷中銀座はあちこちで買い食いする人がいる、日本の台湾だ。

Coffin Toast
棺材板

浮水
虱目魚羹
浮水
虱目魚羹

flip flop
拖鞋

3　少し遠いアジアをめぐる
——タイ、ラオス、ミャンマー、ベトナム、インドネシア、フィリピン、インド、スリランカ

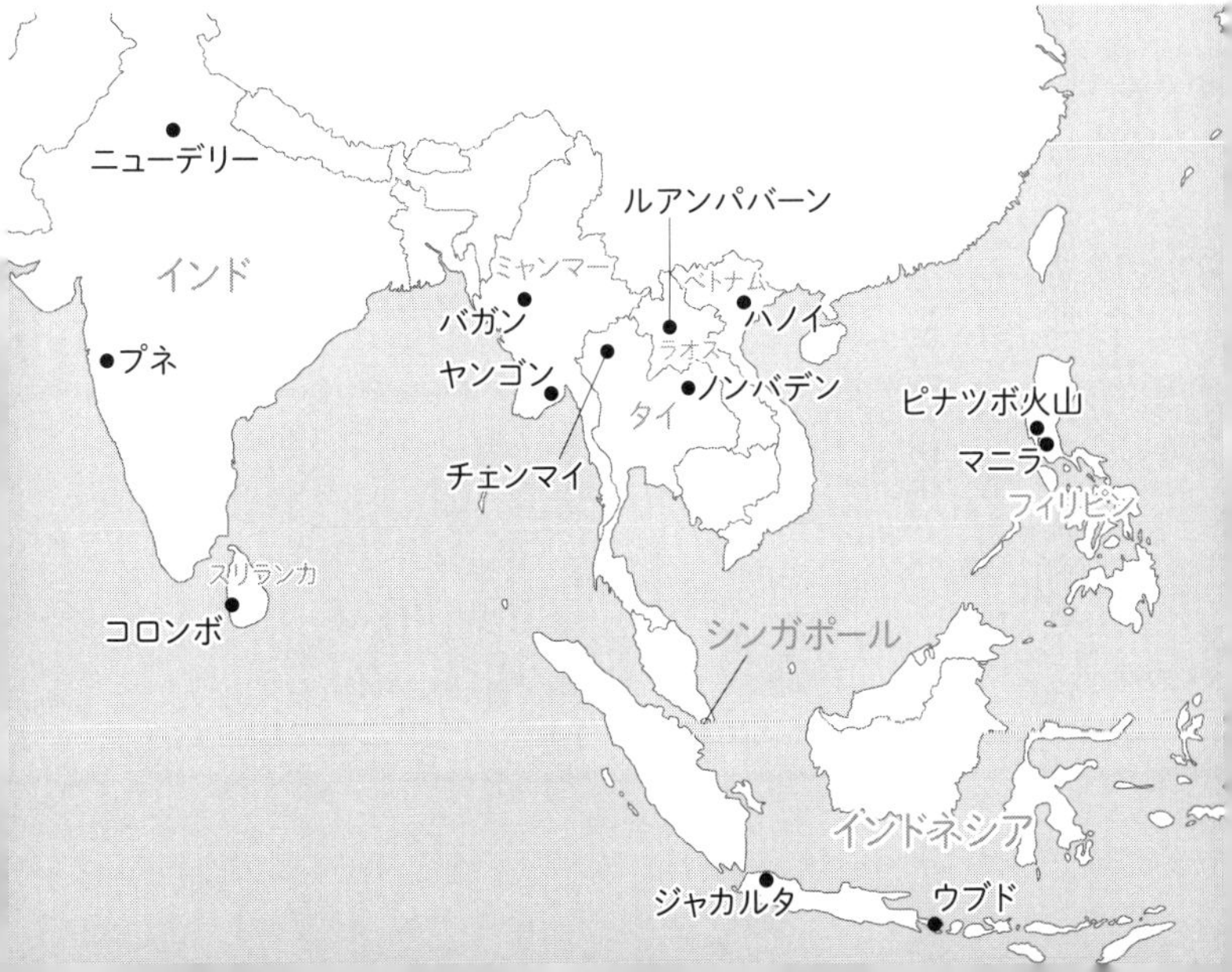

ウェンパパオ　少数民族の村のお正月

二月になると、タイに行きたくなる。最初に連れて行ってくれたのは農業学者の小松光一さんだ。彼は北海道の出身で千葉大の農芸化学を卒業、すぐに農業大学校の教員となった。だから数歳しか年の違わない弟子がたくさんいる。

二月十四日――チェンマイ到着

タイの山の村に持ってゆく衣類を大きなトランクに入れ、自分の荷物は小さなリュックひとつで成田へ。タイ国際航空はとにかくサービスが良くて、食事を挟んでシンハビール、赤白のワインなどを飲んでべろべろになるうち、飛行機は三十分遅れでバンコク着。そのためチェンマイへの乗り継ぎが予定通りできなくなった。でも団長の槇ひさ恵さんはタイ旅行、歴戦の強者。沈着に次の便に変えてもらい、めでたく夕方にはチェンマイについた。いままではバンコクで一泊していた。空港から渋滞の中、荷物を持って宿まで往復するのは大変。一気にチェンマイまで行けるのは楽だ。迎えのダイエーさんも飛行機が遅れたのを気にすることもなく、「あした象に何人乗りますか」などとのんきなことを聞いている。

学生たち、先乗りの小松光一先生と合流、川沿いのすてきなレストランで食事、ことに魚のトムヤンクン風清蒸はおいしかった。餅米のカオニャオとシンハビールがあれば満足。若い人のようにナイトバザールに行く気もせず、風に吹かれて足のマッサージをしてもらう。市場に面した野外の店で、胴元らしき大きな財布を持ったおんな、物売りの少年、少年ジェッターみたいに遊び回る子供たち、買物帰りのおじいさんを眺める。東京の疲れが溶けていく。

二月十五日――ダイエーさんの夢

朝のうち、チェンマイでもっとも良心的で安い象のファームに行く。私は三度目だが付き合いで乗る。昼はおいしいカレー味の麺カオソーイを食べる。これはこの地方独特のものので、トッピングに揚げた麺が載っていて、香草も葱も散らばって、ライムをかけて食べる。食後、山の子供たちが麓の学校に通うためにダイエーさんが建てたメダム寮に行く。

ダイエー・セイリさんと一九九〇年代に最初に会ったとき彼は二十代で、若き農民だった。ミャンマー国境の山岳に住む少数民族ラフ族だ。もともとはメコン川の源流近くに暮らしていた。

彼らはクリスチャンだったので「宗教はアヘン」という社会主義革命政府の時代を生きられず国民党側につき、雲南省から共産党軍に追われてビルマに入った。そこも軍事独裁政権で定住できず、国境を越えてタイへ。しかしよい土地はすでにタイ人が耕している。それで山の中に入植、条件の悪い土地を見つけ、不法に小規模な焼畑農業で耕し自給自足で暮らしてきた。ダイエーさんはよく「僕たちには国がない」という。

タイに来た小松光一さんと偶然出会い、「そのうち日本に来いよ」と気軽に言うのを真に受けて、ほんとに日本に来てしまった。難民扱いでＩＤも持っていなかったので、パスポート取得するまで何十回も役場に掛け合ったらしい。ほんとに来たダイエーさんに小松さんは面食らったが、日本で農業を学ぶ学校にどうにか入れた。

来日当時は食べ物も口に合わず、納豆は大嫌いで、ご飯にふりかけをかけて食べていたという。「学校では勉強ができない」（正しい！）と言い出し、小松さんが紹介したたくさんの農家で実践的に働き、彼らに愛された。帰国後、英語、ラフ語、タイ語、日本語ができるので、バンコクで収入の高い仕事に就くこともできたのに、彼は農業が好きで、故郷のウェンパパオに帰って、まず、子供たちの幼稚園をつくる。さらに山の麓の学校に入れるために、そこにメタム寮をつくった。このへんのことは小松光一『北タイ焼き畑の村―天地友情』（三一書房）に詳しい。

寮は最初に来た時よりずいぶん立派になった。ダイエーさん、だんだん貫禄も出てきた。日本大使館がみすぼらしい寮の建物を建て直してくれ、七十人ほどの子供たちのベッドは埼玉県浦和のロータリークラブが寄付してくれた。

それからいよいよ軽トラックの荷台に乗り山の村に上る。乾期だから行けるが、雨期になるとそこまでは上がれない。チェンマイにいる日本人の年配の婦人とカメラマン志望の若い女性が一緒に乗ってきた。ほかにも山へ帰る人とか、うるさいこと言わずに乗せてしまう。こういう排除しない精神は好き。

夕方、大好きなバーン・ロチョウの村へつく。この村名は彼らを率いてここの村をつくった偉大な村長、ダイエーさんのお父さんヤパ・ロージョの名前だ。私は会ったことがある。漢字で筆談した。最初来たときにはテレビもなく、屋根はすべて草葺きだった。夜になると家の前にたき火をして、その周りを人々が囲んで話に花を咲かせていた。今はテレビが入り、受像のパラボラアンテナがあり、みんな家の中でテレビに夢中で、いわゆる炉端話、風に吹かれておしゃべりなどはしなくなった。

ダイエーさんのお姉さんのご飯を食べる。薪のかまどひとつでなにもかもこんなにおいしいのは野菜と肉に力があるからだ。調味料は塩しかない。といっても、これは客を迎える大ごちそう。あとはガピという小エビの発酵塩入り唐辛子を少し入れると抜群の味になる。おいしいはラフ語でメジャ、いいねはダジャ、ありがとうはオボウジャ。

ダイエーさんはここに実験農場をつくって何を植えるべきか毎年、違うことを試みている。オカボ、大豆、トウモロコシ……。しかしここの土地は痩せ、しかも中国の業者が買いに来るので作ったショウガは土の養分を奪い荒らす。そこで土地を休ませながらお茶とか、桃とか珈琲を試みている。香ばしく炒ったお茶も、コーヒーもたいへんおいしい。ここで商工業や観光業をするのは現実的でないという。しかし彼はそのうちにタイ、ミャンマー、中国雲南省にあるラフ族の村の人々と交流したいという夢を持っている。

二月十七日——歌い踊る旧正月

ラフ族の旧正月を観に、隣りの村へ行く。黒地に派手なパッチワークを施した民族衣装を着け、歌い踊る。男性のステップは難しいが、女性たちのはそう難しくないので真似して輪に入る。中央に松が飾られているのは門松の原型らしい。ここ雲南から北タイにかけてのメコン流域は米文化の発祥の地で、日本と似たような風習が多い。まるで月の兎のように、杵と臼で餅をついて食べさせてくれる。餅に少し甘く胡麻がまぶしてあるのを、笹の葉にせっせと巻いている。

二月十八日――山の村でフリーマーケット

山の村で村民相手に恒例のフリーマーケット。今回はたくさんの衣類を持ってきたが、すべて五分以内に売り切れる。タイというと暑い所と思いがちだが、この山の村はけっこう明け方は冷えるし、セーターもよく売れる。あげると施しになる。十バーツ、五バーツなどうんと安く売ればお客様だ。売り上げは改めて村に寄付する。服やサンダル、帽子など商品を売っている麓の店まで車で三時間ほどかかるから、このバザーは喜ばれて、みんな小銭を握りしめて買いにくる。服を詰めてきたトランクまで売ってくれという男性も。

そんなに村に長居をしては負担をかける。夕方、国境のメーサイへ移動。中国人経営のホテルだが窓がない。どこへ行っても稼ぐのは中国人。夜、屋台で麺を食べる。

二月十九日――マッサージの女性

一日、体を休める。古布を使った服屋へ行き、麻のパンツと絹のパンツ、麻のブラウスなどを買う。海外に行くようになってから、日本では衣類は高いから買わない。マッサージ屋が並ぶ。なるべく顔つきでまじめそうな上手そうな人を探す。ミャンマーから来ている子でビルマ語、タイ語、英語。日本語が少しわかる。「日本人全然来ない」と言う。これだけ喋れて他に仕事はないのか。両親はすでになく、姉はマレーシア人、妹はタイ人と結婚しているらしい。どんな人が好き？　と聞くとやさしい人、でもやさしい人を探しているうちこんな年になった、と嘆く。

二月二十日——国境を越えて

メーサイからの国境を越えタチレクへ、さらにチェントゥへ。検問が多く、その度に小銭を渡す。しかも機械でないので、誰が何台分受け取ったかわからないだろう。これは係員の役得なのか。焼畑をしてコーヒー豆を作っている所多し。チェントゥは歴史ある穏やかな町だった。子供に写真とってもいい？　と聞いてカメラを向けると、皆笑ってはにかんで隠れてしまう。

二月二十二日——明日のリーダーのために

去年来たとき、ダイエーさんが真剣な面持ちで、「この村の青年を大学にやりたいので、応援してくれないか」と切り出した。「自分も日本に行ったのでたくさんのことを学ぶことができ、目が開かれた。ちょっとできる人はバンコクに出て行ってそのまま帰ってこない。少数民族で村にとどまるリーダーが欲しい。子供たちを村の幼稚園で育てるリーダーが」

それでダイエーさんの甥に奨学金を出した。ダイエーさんの姉の夫はキリスト教の牧師で、だからこそ、この村は酒飲みもいないし勤勉によく働く。酒に溺れ、働かず何も収穫できず自壊した村は多い。今回またもう一人牧師にしたいという。いくら必要、と聞くと「一年で四万円」と言うので、応援することにした。

チェンマイに戻る途中、今年新しく奨学金を出す若者の両親と会う。市場で小さな店をやっていた。息子さんも牧師さんになりたいとか。でもそれでは生活できないので、奥さんが市場で小さな店を開いている。四万円で、ダイエーさんの夢が叶うならと思う。

国境の村にて

タイ　2017.1

のんびりバンコク六日間

一月二十九日から旧友ジョルダン・サンドさんに誘われ、ミャンマーの首都ヤンゴンの下町の調査に行くことにしていた。とにかく出るだけで精一杯で、前夜、トランクに荷物を詰める。出がけに急に、「ミャンマーってビザはいらないのかな」と疑問になる。調べるとやっぱりいるらしい。

前に陸路でタイから入ったとき、現地の国境で申請できたので、今回ビザを取らなきゃいけないことをすっかり忘れていた。でも当たって砕けろで、羽田に向かう。タイ国際航空でバンコク経由だ。カウンターで早速、「ミャンマー入国のビザはありますか」と聞かれ、「現地で申請する予定です」と言うと、「とんでもない、外交招待状のある人以外は無理です。飛行機にはお乗せできません。このあいだ来た人も家に帰っていただきました」と言われた。

「今から電子申請したら六時間以内にバンコクに着く頃には出てるんではないか」とかなんとか言ってみるが、「それも無理です。今日は日曜です」と言う。「じゃあバンコクまで行ってウロウロしてます。そのあとのタイでの調査の予定もありますし」と言うと、順番に使う格安チケットなので、1でバンコクまで行ったところで2・3のヤンゴン往復を使ってないと4のバンコクから羽田には乗れないと言い出した。

「じゃあ、帰りを片道で買うとどうなるの」と聞いたら「十万円はします」と言われたので、ミャンマー往復六万円のチケットを持っている私は、あきらめてすごすご家に帰ろうかと思った。空港内ベンチでサンドさんに、今回ミャンマー行きはリタイヤしますとメールしたところ、カウンターの女性が追いかけてきて、「九十九パーセントは帰りも乗れると思いますが、行きますか」と言われた。「いつもオタク使ってんだから頼みますよ」みたいなずうずうしいことを言って、そのままバンコクまで来てしまった。

一月二十九日——小さな町の親切な食堂

羽田空港で飛行機を待つ間に、ＪＴＢの友人、河合桃ちゃんにバンコクの知人を一人紹介してもらう。タイに詳しいもう一人の友人、槇ひさ恵さんに数日、宿を予約してもらった。二人ともなんて親切。スワンナプーム国際空港に到着。空港シティーラインに乗り、ペップリーで降りて、ＭＲＴという新交通モノレールに乗り換え、北に上がったところのファイクワンという駅へ。そこから紹介されたホテルまで遠いので、バイクタクシーを雇って五十バーツが高いのかどうかわからないけども、ＫＴゲストハウスに着いた。

まだ明るい。緑に囲まれた静かで良いホテルで、広々していて、欧米人ばかり。家族連れもいる。ＮＧＯのメンバーも多いという。タイ人の彼女を連れている欧米人もいる。のんびりするにはいいホテル。私は二階の２０５号室で隣がプールだった。水着はいつもトランクにある。早速ドボンと一浴び。これから後、何もやることないんだ、五日間。と言っても、来る直前まで仕事ばかりで、風邪もひいていたし、胃腸の調子も良くなかった。これは神様のくれた休暇と思うしかない。

おなかが空いた。町に何か食べに行こう。かなり遠くの市場まで歩いたけど、これという店がなくて、戻りがけに小さな町の食堂に入ったら、まぁ皆さん親切。空芯菜を炒めてくれと言ったら、これも入れるかといって豚肉を指差して、これがまた五枚肉のコリコリカリカリでおいしくて、ついでにフクロダケも入れてもらって、その炒め物でビールを飲んだ。ビールは大瓶だから全部は飲みきれなかった。卵焼きも作ってくれた。

食堂の人がみんなまかない食を食べてる。一人メインシェフみたいな豪快なおばさんがいて、あとは若い女の子たちがTシャツに七分丈のズボンで実によく働く。体動かして働いてる人が多いので町中、健全な気がする。直し屋さんとか木工屋さん、自動車の修理屋さんとかいろんな仕事。夕暮れの空を見上げると、電線がものすごい数、張り巡らされている。鳥の巣みたい。危なくないんだろうか。木の間も通っているが、あまり気にしてないらしい。すばらしい夕焼けが見えた。あ、りすだ。電線の上歩いてて危ないなぁ。

バンコクに来て気がついたこと。地下鉄のつり革は真ん中にしかないので、立ってる乗客が座ってる乗客の上に威圧的に覆い被さったりしないのはいい。みんなきちっと並んで乗るのもいい。若い人が年上の人に席を譲るのもいい。地下鉄の切符は機械より、窓口で買ったほうがいい。でもスクンビットもペップリーもファイクワンも私の発音ではなかなか通じない。地下鉄とBTSと言う高架鉄道が同じ券で乗れないのは面倒だ。

駅につくとバイクの黄色いジャケットを着たおにいちゃんがいて、腰につかまればどこまでも乗せてってくれる。にいちゃんはヘルメットをかぶっているが客はかぶっていない。二十バーツ。一日十回人を乗せて二百バーツ、百回で二千バーツか。バイクに恋人どうしで乗ってるのもいい。

ソイと呼ぶ横丁沿いに運んでくれる乗り合いのトゥクトゥクのようなものもある。少し余分に出すと遠回りしても荷物を家まで届けてくれたりする。これも便利な交通手段。

部屋は一泊六百五十バーツ、二千五百円ちょっと。エアコンを使うと六百九十バーツ。

あー、十二時間も眠ったら、風邪も少し良くなった。

一月三十日——国での日常を生きる人々

朝九時になったらもういいかなと思って、紹介されたKさんに電話をし、MRTに四つ乗って、BTSに乗り換えて一つのファランポーン駅で待ち合わせした。とても要領の良い逆順の教え方だった。

聞いた話では、Kさんは関西出身で、旦那さんは建設会社のオーナー。彼は日本人だがバンコクで生まれた。戦後にご両親がこっちに来て仕事を始めたそうだ。旦那さんは日本の大学で勉強したのでその時知り合い、バンコクにもう三十年以上いるという。娘さんと息子さんが東京、ご自分の親も東京で行ったり来たり。しゅうとめはこちらにもう六十年以上住んでいるので、バンコクを離れる気はないらしい。

私が六百五十バーツの宿にいると聞いてのけぞっていた。「どんなところ？　安すぎる！」というかんじ。いや、前はカオサンの二百バーツの宿によく泊まったものだ。朝は三十五バーツで街角の麺屋で食べたと聞いてもっと驚いていた。その屋台もすごくきれいなお姉さんとおばあちゃんと二人でやっていて、すごく親切でおいしかったのだけど。

「私はそういうところには行ったことがないから、ほんとにバンコクの狭い社会の中で生きてるだけなのよ」とKさんは嫌味でもなく、心からそう言った。「特にボランティアとか何か、社会的文化的な仕事してるわけじゃないし」

私がこの二十年ほど支援しているチェンマイの奥地の少数民族ラフ族の話をしたら、「ほんと、そういう話を聞くとびっくりするわ」と言う。正直な方だ。「これからお友達と一緒にご飯を食べましょうよ」と言うので、ショッピングセンター・エンポリアムの下のホテルで待ち合わせした。

この辺は駐在員や日本人在住者の多いところ。その中の一人はこのホテルの最上階にお住いだとか。夫が三回目の駐在というSさんはマッサージも好きだし、ジムトンプソンの家の日本語ボランティアガイドをしていて、いろんな情報を教えてもらった。もう一人は小柄できれいな人で、飼猫が病気になったのでしきりと心配をしていた。もう一人は艶やかで、大柄で優しかった。

みんなの服はランチなだけにパンツスタイルでカジュアルだけど、どこかに光物のペンダントとかベルトとか指輪とかをつけ銀色の靴とか履いておしゃれ、バッグはブランド品。「せっかく日本から来たんだから」と言って、ちょっとおしゃれな郊外の一軒家のタイ料理屋に連れてってもらった。割ったら三百バーツだからそんな高くはない。千円位。適当にいろんなもの頼んでもらったけど、すべておいしかった。

特に憧れのナスのたたきが食べられた。焼きナスなのだけど、叩いて香辛料を混ぜてしまう。これを最初に来たときに路上で食べて、なんとおいしいものだと思った。私はスイカジュースを飲む。店に来ているタイ人はみな裕福そうで、尊敬を集めたプミポン前国王の死を悼んで黒い服を着ていた。

バンコクは暑いが、クーラーが効き過ぎなので、みんな席につくとさっさとカーディガンとかショールとか羽織るものを取り出す。さすがに長く住んでいるだけのことはある。私は寒かった。外国人や観光客は別に喪に服さないで何色を着てもいいそうだ。またはちょこっと黒い喪章をつける。シリキット王妃も体調が心配だ。来月行われる葬式には、退位まぢかの高齢な日本の天皇・皇后も見えるという。確かにタイと日本の皇室には長い友好の歴史があった。次の王様のことについてはあまり話さない。

みなさん、甲斐性のある夫を持ち、異国でこういう日常を生きているんだなぁと感慨深かった。親切に近くの韓国エステの店を予約してくれる。顔に様々なクリームを塗って待つ間に足を揉んだり、腰を揉んだり背中を揉んだり、一時間半でくたくたになった。

帰りにダブルツリーのホテルを抜けると、そこからヒルトンホテルに繋がっていて、ヒルトンを抜けたらもうエンポリアムがあって、そこから駅に直結していた。

でもこんなビル街は私は興味がない。国王の喪に服してる割には、中国の春節なので町中真っ赤な飾りがいっぱい付いている。駅はすごく簡単な造りで、暑いから風が吹き抜けて日本みたいに閉鎖的じゃない。BTSは窓口は両替だけで、あとは機械にコインを入れて切符を買えという。やっぱり十五バーツですむところを間違えて三十一バーツの切符を買って十六バーツ損してしまった。

駅からまたにいちゃんの二十バーツバイクに乗って、ゲストハウスまで帰る。夕方のものすごい渋滞をすり抜けすり抜けていくので、私は何度も隣の車に足を擦りそうになった。空が暗くなり、近くのイサーン料理の小さな店に行く。表に素焼きのポットが並んでいる。

「スキヤキ」と言われたけど、これはどう見てもしゃぶしゃぶ。

家でもやってみたいが、このこぶみかんの葉とレモングラスという香草と生姜がないとこんな味は出ない。白菜、空芯菜、春雨、鶏肉も豚肉も牛肉も、さらにイカとエビも入っていて盛りだくさん。東京のタイレストランならこれだけで三千円コース。全部卵白を絡めてあるので、鍋に入れると卵がぶくぶくと固まってなかなかおいしい。スープも飲んだら腹いっぱいになった。これとビールで二百十バーツ、八百円くらい。

一月三十一日――ホテルで昼食、夕食は町の食堂

ホテルに帰って、浅田次郎の文庫本を読みながら九時には寝た。夜中に起きてまた二章ぐらい読んで、起きたら朝八時だった。それで昨日のKさんにお礼の電話をしたところ、「よかったら今日も来ませんか」ということになり、好意に甘えて十一時ぐらいに家を訪ねる。習字の自習教室をやっているらしい。古いけれど落ちつく広い部屋。夫婦二人で住んでいて八階にはお母様。きょういらしたTさんの旦那さんは台湾生まれで、今お舅さんが九十でバンコク在住、だから動けないし、おいても帰れないという。

もう一人のAさんの旦那さんも会社のオーナーで、郊外の一戸建ての家にたくさんの骨董品があるので、ミニミュージアムみたいになっているという。日本人は建設や食品や部品や化学関係で、バンコクでいろんな会社を経営しているようなのだ。

どの方も一番心配なのは医療。「日本人はあんなに安く病院にかかれることを当たり前に思ってるけど、そんな国は世界中にない」「〝ゆりかごから墓場まで〟のイギリスすら、がんがわかってもお金がなければ診察は一年先、やっぱりお金を払っていい病院に行く」

「タイでも三十バーツ医療とかいうの、タクシン首相がやったけども、重病で三十バーツで済むはずはない。日本から長期で来る時は傷害保険に入ってきた方がよい」と口々に話していた。

今日は日本人が多いホテルで昼ごはんをしようというので、どんなに高い店かとちょっと心配になったが、近所のホテルのランチバイキング、二百九十八バーツで結構おいしかった。

夜また例の町の食堂に行って、ほの暗い電灯の下、ビールを飲みながら、若い女の子が一生懸命切ったり炒めたり煮たりしてるのを見てたら、涙が出そうになる。ちょうどバス停の前なのでバスから降りた人も何か買って行く。オートバイのにいちゃんも買いに来る。みんなビールなんか飲まない。ごめん、私は飲む。みんな定食のカオパット（炒めご飯）やパッタイ（タイ風の幅広麺の焼きそば）、テレビを見上げながら食べてさっさと出て行く。

二月一日――四つのミュージアムをめぐる

今朝は朝早く起きて、八時にホテルの食堂でパンとトーストと卵を一個食べ、コーヒーを飲み出かけた。八時台の地下鉄は混んでいる。みんな整然と並び、無理には乗らなくて次のを待っている。

スクンビットのカムティエンハウス・ミュージアムという十九世紀の北タイ、ランナー様式の建物を再現したミュージアムにいく。入場料百バーツ。それからキャベツ畑の宮殿という名前のスワンパッカード宮殿へ。行ってみるとラーマ五世の王子の邸で、いわば東京でいえば朝香宮邸という感じ。すごく広く、夫妻のコレクション、バンチェン時代の出土品と古いものがたくさんあった。むかしのキャベツ畑がビル街になっているのに驚いた。それから三度目、ジム・トンプソンの家までわりと簡単についた。

混んでいるが、日本人は私しかいない。中国語とフランス語、ドイツ語、英語と日本語のツアーがある。丸顔の美しい人が日本語で私一人に説明してくれた。

その話によれば、「ジム・トンプソンは一九〇六年アメリカのデラウェア州の生まれ、プリンストン大学で建築を学ぶ。奥さんと別れて、第二次大戦末期に諜報員としてバンコクに来た。シルクに魅せられ、デザイナー、染色家としてタイシルクを産業に育てた。もともとは建築家だったので、川に面したこの土地に、家も自分でデザインした。アユタヤから運ばれたチーク材の古民家を移築し、床には大理石を敷き詰めて、自分の集めた骨董品を飾って、とんでもない家を完成させた。ただ雇い人は料理人一人とあと二人ぐらいだった。インドネシアやマレーシアも行って、一九六七年代にマレーシアのリゾートで行方不明となった。もう百は過ぎており、この世にはいないだろう」。

昨日会った人は私に、ジム・トンプソンを書いたら面白いわよ、と言っていたが、吉川勇一氏が訳した伝記もあり、松本清張が「熱い絹」という小説を書いているらしい。

それから一階の気持ちの良いハスの花の池に面したレストランに落ちつき、バジル炒めの豚肉でご飯、シンハビール、四百バーツも払った。

それから水路を船に乗ってどこまでも行く。なにせ暇だ。終点で降りて地図を見たらここから国立美術館は近そう。今日はもうミュージアムを三つ見たのに、まだ二時だ。何も交通機関がないからトゥクトゥクに乗ったら百バーツもとられた。最初は二百というので、私が五十といったら、タイ人でも百はもらうとか言って、顔をしかめる。だったら最初から百と言えって感じ。ミュージアムは古い造幣局のリノベーションで、王様の喪に服すためと修復中で見られるのは半分位。でもこれだけ見れば十分。いろんな仏像があって時代によって顔が全然違う。

バスもわからないし、トゥクトゥクに乗るのもシャクだし、とにかくカオサンを歩いて抜けて元の船着き場まで戻る。

生オレンジジュースを飲んで船に乗ったら、川風ですごくきもちよい。バンコクの町はこの二十年で相当、密度が高くなり、空気も汚れてきたが、川辺が一番緑が多い。運賃たった十一バーツで降りたらなんとペップリーの駅前だった。よしよし、あと四つ乗ればファアイクワン。そして例のバイクにまたがってホテルに帰った。また例のよく働く少女たちの店で今度は海鮮炒めを作ってもらう。またしてもビール。でも大瓶一本は飲みきれず残すしかない。

二月二日――チャオプラヤー川を船で下る

バンコクの木造の古い建築といったらあれを見なきゃね、と言うので、思い切ってタクシーでウィマンメーク宮殿に行ったら喪に服して閉まっていた。乗せてくれたタクシーの運転手さんはとても親切で、彼のせいでもないのにすまながっていた。それで波止場まで行ってもらう。チャオプラヤー川を船で下る。昨日の船旅に味をしめたわけ。

どこかで気に入っていた赤い帽子をなくしてしまった。タクシーかな、波止場かな。

この船の運転手になりたいなあ。車掌さんもかっこいい。船から飛び降りて、柱に綱を巻く呼吸など颯爽としている。三島由紀夫の「暁の寺」に出てくるワット・アルンで降りたら、一見してわかる有名な日本人の写真家がいた。今回はバンコクだけを撮って歩くそうだ。

対岸の最高級ホテル、オリエンタルホテルの船着き場で降り、ホテルのレストランに。川が見える。カオソーイとオレンジのカクテルを飲んだ。カオソーイはチェンマイの路地で食べるもので、オリエンタルホテルには似合わない。カクテルがものすごい量でなかなか減らない。ついに酔っ払ってしまった。ウェイターはさすがオリエンタル、周りが欧米人ばかりでも、どんな国の人にもすごく丁寧で、ユーモアのある対応をしている。安宿に泊まってこんなホテルで落ち着いてランチというのも年の功。
　夜は例のイサーン料理屋に行って、ソムタムという青いパパイヤを削った辛いサラダでビール。トマトやナスの小さいのや、エビのペーストなどが入っているらしい。舌がしびれてきた。それだけではビールが飲みきれず、隣の人が食べていた豚の薄切りを頼んでみる。横浜中華街で売っているようなチャーシューだが三枚肉でなく五枚肉なので、皮のかたい所がおいしい。大正解。

二月三日――ヤンゴンに行きたかったな

　もう何もやることがない。読む本もない。朝から部屋でスマホの青空文庫で正岡子規の著作を読み返し、メモを取りたいのでノートを買いに行ったついでに、ビールも買ってきた。ホテルのレストランで幅広うどんの油炒め、パッタイを食べたら大変おいしかった。小さな子供を四人も連れてアメリカかヨーロッパから来たらしい親子、生まれてまだ首も据わっていない赤ん坊を連れてきている人もいて、いい度胸だと思う。

それからプールサイドで青空文庫ざんまい。プールサイドを渡る風で寒くなってきた。このホテルは中国人のオーナーで、隣にまたもう一棟ホテルを建てているが、そのために私の部屋からの眺望は全くなくなっている。工事音もうるさい。東京よりもバンコクの町は騒々しい。鳥も鳴くけど、車もバイクもとんでもない音を出す。町の人はあまり気にしない。

四時半過ぎにホテルを清算、午後五時半ぐらいに空港に着いた。ミャンマーから戻ってきたジョルダン・サンドさんと合流、これから川旅でラオスの世界遺産ルアンパバンに向かう。東京から飛んできたサンド夫人志保子さんはミーティングポイントにジャスト五時半に現れたが、コンケンからわざわざ来てくれるドアンさんとサンドさんはなかなか来なかった。やっと揃い、明日朝の便が早いので、空港の近くといってもかなり遠いホテルに着いたのは八時半。

サンドさんはミャンマーでアイスクリームにあたって今日はチキンスープのみ。私と志保子さんはビールで五種類位の料理を食べた。空港ホテルはフロントの感じが悪かったし、蚊もいっぱいいいたし、設備も悪い。五時に目を覚まして五時四十五分に集合して六時のバスで空港へ向かう。

サンドさんの話ではヤンゴンはやっぱり、とっても良かったらしい。うーむ、まだ開発や観光化が進む前にヤンゴンを見ておきたかった。いや、また近々、行く機会はあるかも。とはいえ久しぶりにのんきな一人バンコク滞在、楽しかった。

ラオス　2017.2

メコン川をルアンパバンまで

メコン川はタイの母なる川である。総延長は四千八百キロメートル。水源は中国の雲南省。カンボジア、タイ、ベトナム、ビルマ、ラオスの東南アジアの五カ国がその流域だ。そして雲南で発祥した米作は、この川に沿って伝播したとも言われている。

二月五日朝、七時半の便でチェンライに飛ぶ。ジョルダン・サンド、志保子夫妻と私を、タイ語とラオス語と英語がわかるドアンさんが助けてくれる。一時間半でチェンコーンという町に行って、そこでラオスの国境を越えた。

ラオスの国旗の色は紫と黄色とブルーとグリーン。通貨単位はキープで、一万円を替えると八十万キープ。そこからまたバスに乗った。知人に紹介されたプーキーさんに会う。

NGOに勤める精悍な顔の青年だ。お父さんは地方公務員で、家でお米を作っている。軽トラに荷物を載せ、五人乗りでワイサイの彼の家まで行く。

ドアンさんが荷台に乗る。気持ち良さそう。家の裏の林の中にピクニックランチが用意されていた。これは今まで食べた中でも五本の指に入る気持ちのよい食事である。子供たちがそこらへんを走りまわっている。

鶏の焼いたのと魚の焼いたの、それからラタンをゆでて皮をむいたもの、これはうまい。歯ごたえがあって苦みがこたえられない。それから生野菜、最後に菜の花のたくさん入った鶏肉スープが出た。ラオスのビールはさっぱりして、東南アジアで一番おいしいと言われているそうだ。

お父さんが五十三歳でお母さんは四十代、プーキーさんは三十くらいか。「中国人が入り込んできてビジネスを展開し、国境にカジノを作ろうとしてる」と言う。プーキーさんの家ではお米、それも焼き畑で陸稲をつくっているが、お金がないときお母さんがラタンを売って十二ドルもうけたことがあった。食用のラタンはけっこういいお金になるらしい。たくさんの知り合いがご飯を食べに来ていた。

知ってる男の子同士が喧嘩したら、おばあちゃんが叱った。近所の関係は助け合いが生きているようで、今日はこの畑をやったら次は隣の人の畑と、協力関係ができている。鳥は「黒い鳥」といって一キロで十二ドルするとかいう。とても高い鶏肉で噛みごたえのあるもの。帽子とライターを二つ買い、メコン川の船の切符を買う。ラオスの古都ルアンパバンまで一人二千五百バーツ。国境の町ではキープもバーツも使える。

対岸のラオスの町のホテルにチェックイン。その後リバーサイド・レストランで食事。ホテルで早めに休んだが、夜中に町に大火事が起こり、ホテルの三軒先まで燃えた。のんきに見物していたが、もしかするとここまで火が来るかもと、荷物をまとめ、いざとなったら逃げる用意。消防車がなかなか来なくてハラハラする。でもけが人が出なくて幸い。

二月六日――観光船でパクペンへ

翌朝、麺を食べたがとても高い。世界遺産ルアンパバン行きの船が出るので観光地化しているのだ。一人百バーツ。店には一族で来て、朝からビールを飲んで歌っている人たち。女の人がマイクを握って離さない。髪を高く結い、眉毛を長くひき、目張りを入れ真っ赤な口紅を塗っているので美空ひばりそっくり。

十一時に出発なのに全然出航する様子はない。どんどん観光客を乗せて船が沈んでいくのが怖かった。儲けるだけ儲けようというつもりらしい。結局たくさんのグループ、欧米人の若者たちを乗せて出発したのが十二時。

この若者たちのマナーの悪いこと、ビールを飲みまくり、そのたびに手洗いに行き、お手洗いは乗客三百人に一つしかなく、いつ行っても五人は並んでいて大騒ぎ。どこの国の人？ と聞くと、サンドさんは「若者対象の国際ツアーじゃないのかな」と言う。

私たちの場所は一番前で景色は良かったが、後から乗ってきた人にどんどん占拠されていく。川沿いには豚がいたり、鹿がいたり、バッファローがいたり。動物園みたいだ。動物好きなドアンは大喜び。途中から両岸ともラオスになった。船着き場で人が降りる。この辺の住民が大きな家具やベッドを下ろして、ゆっくり運んでいくのが見えた。

パクベンという中継地につく。ひなびた岸辺の小さな村で泊まったホテルも悪くない。村には坂に沿った道が一本だけ。それに沿ったレストランは今日船を下りた客の数には足りない。すべてお味噌っぽいというか、トマトケチャップを入れたような濃い味付けだ。

ゆっくり寝て朝、市場で鳥の焼いたの、豚の焼いたのをランチに買い込んだ。ネズミやカエルも開きにして焼いて売っていた。おばあさんたちは、頭に紐でかけて生きた鳥を運んできた。ほんとに素朴な村。ＡＴＭの機械が二つあるのだけが新しい。家は高床式で草ぶき。

二月七日――ルアンパバンへ

その日は予告通り九時に出発。昨日の乗客が二手に分かれて、うるさい若者たちはもう一つの船に行ったのでやれやれ。今度の船の持ち主なのか、地元の女の子がすごく威張っていて我が物顔。すいたので昼ご飯は船尾の景色の良い所に行って食べた。

朝のうちはかなり寒く、子連れのイタリア人家族も寒い寒いと言っていた。彼らは景色のいい一番前の席に座ったが、その分、風があたり寒いらしかった。私もヒートテックの下を穿いて、あったかいマフラーも出した。思ったより早く、世界遺産ルアンパバンに四時到着。町までのシーローに乗る交渉がまた大変、一人二万五千キープで四人で十万キープとか言う。びっくりするが計算すると一人四ドル位。八人乗せないと発車しない。乗ってみると確かに町中までは歩いて行けないほど遠かった。

ホテルはリバーサイドの良いところにあるコロニアルの建物。中国風の提灯がついてるのはいただけないが。部屋も濃い緑の壁で古風な扇風機が回っていてなかなかいい。アメニティや石鹸も今までのところよりずっといい。タオルが白鳥の形にたたんであるのがおかしい。

夜はナイトマーケットに行き、フンパンさんというビデオジャーナリストに会って、いろんな話をした。彼は「ルッキング・フォー」というタイトルでおじさんと自分の家族の絆をショートフィルムに作った。おじさんは植民地時代の人なのでフランス語ができて、学校で教えていたという。

二月八日——世界遺産の町を歩く

朝食はホテルでトーストと目玉焼きとコーヒーとフルーツ。川の見えるバルコニーで。町を歩き回る。世界遺産になって二十年、前に日本のテレビで、「自分の家が文化財になったのはいいが、屋根を葺き替えるのも自費で、貧しい持ち主は維持できない」という番組を見た。今はどうなっているのか。維持できない人が手放したのか、相当数の文化財建造物が、モダンなホテルや飲食店に転用されている。

植民地時代の建物が多い高台の通りは、ほとんどきれいに改修して高級ホテルやレストランになっている。総じて趣味はいい。欧米人がビジネスをしている。ラオスは最貧国だが、この町だけはすべて観光客値段。町歩きを楽しみ、お寺もずいぶん見た。お寺の壁画は戦争を題材にしたものが多い。ベトナムはアメリカに侵略されたが、その昔、ベトナムはラオスを侵略したことがある。

ヘリテージセンターに行って地図を見ると、世界遺産の範囲はもっとずっと広く、沼や水辺もあるようだ。公開されている伝統的な家を教えてくれて行ってみたが、閉まっていた。ミュージアムにも寄る。

昼は二万キープであまりおいしくない麺を食べた。カオソーイの名前につられたが、タイのチェンマイ付近で食べるカオソーイとは似て非なるもの。夕方、フンパンさんの家に招かれ、ビールを飲みながら、彼の作ったビデオを見た。ドキュメンタリーとは思えない、ノスタルジックな劇場映画のようだった。

彼は広い庭のある居心地の良さそうな家に妻と二人の子供と住んでいた。祖父の死に際し、一時お坊さんになったという。その経験を描いた作品だった。

夜は、フランス料理とラオス料理を融合させた店に行った。かなり洗練されて、見栄えも良かったが、素朴さはない。しかしここはラオスの若者を飲食店で働く人に育てるという使命を持っている。Tシャツの背中にはティーチャーとかスチューデントとか、アルファベットで書いてある。若者の教育と自立を促すところは面白かった。

二月九日――クッキングスクールで五種の料理

翌朝、ホテルの朝ごはんをパスして、高台の通りの麺屋に行く。ぴったり八時に店の人が現れ、湯を沸かし、お皿を積み重ね、野菜を切り、肉を湯がき、麺を茹でる。その手順の儀式のようなすばらしさに見とれる。とてもおいしかった。

午前中はお料理好きのサンド夫妻とクッキングスクールに参加。英語をよくしゃべる、冗談ばかり言うインストラクターが、まず市場に連れて行ってくれる。みんなで買い物をして、緑あふれる蓮池のほとりのスクールで、五種類もの難しい料理を作った。

バッファローのサラダとか、レモングラスに筋を入れて提灯状にし、中に鳥のひき肉を詰めて蒸したものとか、ナマズを葉っぱで巻いて蒸したものとか、かなり凝った料理だ。お米はカオニャオという私の大好きな餅米。参加者はドイツ、スイス、ブラジル、オーストラリアからの白人ばかりで、弁護士や医者がいた。私がバックにつけているヘルプマークは赤地に白の十字とハートマークなのだが、スイスの人は「スイス大好きってことでしょ？　ありがとう！」と話しかけてきた。確かに。これで席を譲ってもらったことは日本で二度しかないけどね。

午前中かけて調理。そのあとビールで試食。欲張ったけど食べきれない。レシピを書いたパンフレットまでついていて、かなり気が入ったクッキング教室だった。

腹ごなしに山に登る。そこからの景色はすばらしい。夜、またリバーサイドの中国料理店に行き、前に食べなかったものを頼んだ。ナイトマーケットはどこも同じようなものばかり売っている。イサムノグチみたいな竹ヒゴのランターンとか、切り紙の凝ったのとか。ただし、裸電球で目が眩しく、先にホテルに帰らせてもらう。

二月十日——タイのロエイへ

朝のバスで陸路、タイのロエイという町まで乗る。七時間かかる。

バスはオンボロだが、ドライバーが実に頼りになりそうないい顔をしていて、この人なら事故も起きないだろうと思えた。途中で昼食がつき、焼きめしか焼きそばかを選べたがどっちもなんてことない味。あっという間に七時間が経ち、ラオスから国境を越えてタイに入ると、突然、店屋の構えも派手になり、ラオスでは見かけなかったハイヒールだの化粧品を売っているのでびっくり。

ロエイのバス停に初めて会う日本人のSさんが待っていた。ジョルダンたちとは古い友達。メキシコ大使館とか、いろんな仕事をしたのち、かなり前にルアンパバンの語学学校で日本語を教えていたことがある。ドアンさんとも長い友達で、彼の農場の支援もし、その代わりに年に数度は長逗留をしている。この町にも彼の友達がいて、その一家で今日は晩ご飯をご馳走になる。おいしかったが、それより、家族の楽しそうな暮らしに驚いた。お父さんやお兄ちゃんが、広い庭の隅でドラムを叩いてギターを弾いて、歌を歌って、ビールを飲んだ。こんな生活ができるなら最高！

そのあと、ノンバデンという町の近くのドアンさんの農場に行って数日過ごす。農場には犬が三匹、アヒルがたくさん。池があって、ドアンさんは朝、池に飛び込み料理する魚を獲ってくる。

何をするわけでもない。朝は市場に行って、食材を買い込み、ついでにマッサージをしてもらって家に帰り、ゴロゴロ本を読む。ネットからダウンロードした映画を見て、夕暮れ時はドアンさんの料理を少し手伝って、みんなでビールを飲む。そんな毎日だ。庭に炭をおこしてバーベキューもした。なんだか体の疲れが溶けていくようで、また私は新しい天国を発見した気分になった。

ヤンゴンとバガンの文化財保存

京都大学の井手亜里《アリ》教授からミャンマーの世界遺産、バガンの遺跡の保存の仕事がある、どうやったら歴史的環境の保全に市民を巻き込むことができるか、現地に行って東京での経験を話して欲しいという依頼があった。この前、行きそこなったし、満を持して、十一月、乾季で過ごしやすいミャンマーに成田から直行便で行った。

ヤンゴンの空港は新しくなって、今はビザ・オン・アライバルもできるようだった。このように、発展途上国は変化が速い。軍事独裁から民主的化されたミャンマーを今見ておくことは重要に思われた。百ドル札を両替しようとすると、ピン札しか受け取らない。成田で円をドルに替え、四百ドル、新札を持ってきてよかった。千チャットが百円程度。

空港には私と松久寛、京大名誉教授を、ヤンゴン大学図書館のニニさんと日本語も話すティンティンさんが迎えにきてくれた。二人はロンジーというスカートを穿いている。割と派手な色使いの横縞模様のスカートが歩くにつれて翻《ひるがえ》るのは美しい。男たちはそれより地味な縞模様の輪にした木綿を無造作に前で縛っている。

空港からウィンナーインというホテルはそんなに遠くない。渋滞にはまり、ホテルに着いたのは六時半。ヤンゴンに地下鉄はないし、環状線は不便だしで、バスかタクシーしかないのである。富裕層は自家用車を持っている。タクシーはメーター制でなく、外国人とみるとふっかけてくるが、とにかく、八千チャットとか決めてから乗るので遠回りすることはなく、渋滞に運転手もうんざりしているようだ。

六階の部屋から周りをみると、ジャングルのように森が見えた。夜ご飯に出かける。目当てのレストランがしまっており、結局ショッピングセンター下の庶民的なレストランになって、二人は恐縮していた。店には酒類は置いていないので、隣のスーパーまで買いに行く。ビールが大瓶一本で千チャット（百円）。なかなか清潔なレストランで、エビのカレーやキノコのスープ、イカのサラダ、焼鳥などを食べる。分量がそう多くないので助かる。最後のバナナとゴマのデザートがおいしかった。夜店を見て帰る。

ニニさんは独身の図書館員で給料は月二百ドルくらいらしい。もう一人のティンティンさんの話を聞いた。「私は今四十四歳で、ヤンゴン大学の古生物の博士課程にいます。経済的余裕がないので、途中、洋服を縫う仕事をしたりして、今までかかりました。福岡大学に三年いて、いずれ博士号をとりたいです。でも去年、十歳年下の男性と結婚しました。彼は軍人で別居婚ですが、軍人はこの国で一番、給料の多い仕事です。彼は兵士ではなく、IT技術者ですが、基地内にいるので、攻撃されないか心配です。私は今大学で三つの授業を持っていますが、最初の給料は月に日本円で六十円でした。今は夫と離れて大学の寮にいるので家賃はかかりません。収入はやはり二百ドルくらいです。大学の職はとても安い。でも教授たちはキャンパスに家を与えられ、水道光熱費もタダです」

毎週、バスでネピドーまで夫に会いに行くという。これから博士号二つを取り、日本語の勉強の他に、赤ちゃんも欲しいというのはかなり壮大な目標だ。

二日目

ホテルの食堂にいるのは欧米人ばかり。彼らはトーストにサラダ、フルーツを食べるが、私はモヒンガという麺を食べる。きしめんに香草をたっぷり入れた魚にスープをかけたような不思議な食べ物だった。今日は、井手教授に頼まれた大事な仕事、郊外に住む男性にパームリーフの保存について聞きに行く。椰子の葉に書かれた古文書のことだ。その方がすでに八十六歳で体調も悪いというので、こちらから出向くことになった。もう一人マイクロフィルムで資料保存をしている図書館の男性が来てくれた。

例の渋滞を我慢してモエ川を渡るともう田舎の風景。モエはワニのこと。おじいさんはニャンモーさんといって一九二八年生まれの八十九歳だった。通訳してもらった話。

「私はここよりずっと北のマンダレーの小さな村で生まれた。家は農家でピーナツやゴマや玉ねぎを作っていた。家では母親も姉も本が好きだったので、雑誌を借りてみんなで読んだ。その頃はまだ新聞もなく、ラジオもないので、世界に通じる道はその「写真世界」というグラフ雑誌だけだった。日本の零戦もマジノラインも、ドイツのツェッペリンの飛行船のことなどもみんなこれで知った。村の学校で四年、そのあとお寺のお坊さんになる学校で七年、仏教や古い文字について勉強した。

その頃、戦争中で、日本軍がお寺に駐屯したので雑魚寝したこともある。日本軍はイギリス人みたいに我々を叩かなかった。これは何か、これは何か、とミャンマー語を覚えようと熱心だった。その頃はお米が一・六キロで一チャットだった。お米を買いにいくのに日本軍の兵士と乗り合わせたこともあるが、その時ボールペンをもらった。

念願の大学に行き、一九六六年に卒業した。村から大学に行けたのはたった二人。私は本を作る仕事か、本を読む仕事に就きたかったので、ヤンゴン大学図書館に勤められて幸せだった。私の仕事は、ヤシの葉に書いた文書を保存することだった。細長いヤシの葉を整え、昔はパーリ語だったが、その頃はミャンマー語で仏典とか、釈迦の生涯とか、村の出来事とかを記していた」

インクは使わず、鉄筆のようなもので、葉っぱを傷つけると文字が浮きだす。竹ひごのようなものではさんでスタンドに重ねていき、上はまた木で押さえる。バインドする木はチーク材などで、そこにも彫り物をしたり、金箔を貼ったりして芸術品のようだ。さらにそれをアンティークの豪華な布で包み、またその上を紐で縛る。紐は手織りでそこにその文書の内容や寄贈者の名前が織りだしてある。それはすべてが芸術品といえた。

パーリ語はすでに死んだ言葉で、喋る人はいないそうだ。

「放っておくと湿度が高いので、カビが生えたりする。それで年に一度は虫干しをして、レモングラスの油を塗る。そうするとカビは取れ、いい匂いがし、虫よけにもなり、葉っぱは柔らかくしかも丈夫になり、文字がはっきり浮き出す」。いいことずくめだという。

もう一つ、黒い紙に白墨で書いた文書もある。日本でも濃い紺色の紙に金文字で仏典などを写したものを見ることがあるが、そんな感じだ。

「黒い紙は木の皮を漉《す》いて作り、そこに白墨で字を書く。内容は数学薬学天文学神学医学などさまざまです。こうした文書は、ほかにも国立博物館、国立図書館、寺院にもたくさんあるが、放置されて埃まみれになり、果てはネズミが食べてしまう、カビだらけになることもある。まず調査して掃除をすることが大事で、いろんなお寺に調査に行った。今でも裸眼でパームリーフの文字を読めるし、何が書いてあるかわかる。

六十で定年になったが、その後二十年は歴史研究の名目で図書館に通っていた。今でも週に一度はバスに乗って図書館に行き、後進を指導している」

そして文書を開けたり閉めたりしているのを見ると、何をしているのかよくわからなかった。布なども触れば触るほど、痛むはずだ。湿度や温度の管理もどのようにされているのか。陽の当たるところに置かれた文書もあった。リーフペーパーの小口のところが金や赤で塗られていたり、それを止めるバインダーの木にも宝石がはめ込まれていたりした。

まだ夕飯まで間があったので、タクシーでアウン・サン・スーチー氏の軟禁されていた家と国連のウタント元事務総長の家を見に行った。前者は豪邸であり、今は顧問とはいえ最高権力者の旧居だが、警備の若い警官は写真を撮ってもいいかと聞くと、白い歯を見せてニコニコして頷いた。ウタント邸は、週末しか公開されていないようだったが、この辺は日本企業のマンションなども多い、高級住宅街で、贅沢ではなく品位のある住まいだった。

その夜は湖のほとりで中華料理を食べた。私はミャンマー料理の方が食べたかったのだが。「今の大統領はおとなしい人で、スーチーさんがすべて抑えています。立派な方です」と現地の人は言うが、ロヒンギャの少数民族の虐待に世界の世論はきびしい。かつて「囚われの孔雀」とまでいわれた軟禁状態のスーチーさんの命を守るため、世界はこぞって大学の名誉博士号やノーベル平和賞までもあげて命を守ろうとしたのに、今は彼女が権力者になってしまった。

三日目

建築家の友人、大橋智子さんは学校の後輩がヤンゴンにいるというので紹介してくれた。その柳沢有子さんは明朗活発な様子でホテルに現れた。彼女の家もこの近くで、夫は建設会社に勤め、工場を建設しているという。ミャンマーに進出する日本企業は多く、マンションが足りず、とんでもない家賃だという。

まずは一番有名なシュエタゴンという寺に行く。エレベーターで上がって、中は仏塔と仏像がたくさんあるが、みんな金ピカで、後背は電気じかけで輝いている。あちこちで人々が弁当を食べていたり、仏像の前で頭を床に擦り付けて祈っていたり、数珠を弄ってお経を読んでいたり、まあなんでも許されている解放区だ。

タクシーでボージョー・アウン・サン市場という宝石で有名なところに行った。メノウ、ルビー、サファイヤがミャンマーの特産で、とっても高い。

安ければ誕生石のルビーを買おうかと思ったが、最低十万円くらいした。ヒート（熱処理）してないものがいいという。価値がよくわからないから結局冷やかしでおわった。それよりラッカーという漆器のようなものや民族衣装の方が面白い。お昼はシャングリラホテルに繋がったビルの中のシャン族のレストランで。はまぐりのニンニク蒸しとか、ゴマ団子とか、おいしかった。

午後は国立博物館。二時にティンティンさんが待っていて、広い館内を三時間くらい案内してくれたが、玉座も、石碑も、宝石も、衣服も、多すぎて覚えきれない。最後にムガール帝国最後の王様のお墓があるというので行く。これは大変興味深かった。

東インド会社で町中に植民地化を進めたイギリスは、ミャンマー最後の王様をインドに幽閉し、代わりにインドのシャーをラングーン（今のヤンゴン）に島流しにしたのだった。バハードゥル・シャー2世はすでに九十近くで、ラングーンで死んだ。何度目かの王妃は自分でイギリスと交渉して王子たちの命を救ったが、殺された王子もいた。イギリスはこの墓のことも隠していて、一九九一年になって見つかり、今ではインドの首相など要人もお参りに来るという。シャーは詩人でもあった。

夜は「フィール」という、屋台みたいな清潔な店で、好きな料理をとった。魚の炭火焼、エビの茶葉炒め、おでんみたいな内臓の串焼き、どれも美味。ライスとスープと生野菜がサービスでつくのでこれで十分。ティンティンさんは私のためにロンジー（スカート）を縫って持ってきてくれた。私の体型に合うようにたっぷりとしたものを。しかも少しでもすらっと見えるようにと横縞をわざわざ縦縞にしてくれたので、ちょっと泣けた。

四日目

柳沢有子さんと、今日は下町の建物を見学に行く。柳沢さんは日本語教室のボランティアで先生をしているが、今日は休みだそうだ。ここが川沿いで最初に町ができたところ。縦割りの横丁が櫛の歯のように並ぶ。中華街、インド人街。中国人は三万人、軍事独裁の間もここに住んでいた。インド人街ではサリーとかヘナとか売っていた。シナゴークにも行ってみたが、たった二十人のユダヤ人で守っているとのことだった。

さらに植民地時代の古い建築を見る。さんざんイギリスの植民地支配について学んだ後、植民地建築はすてきねーというわけにもいかない。有名なストランド・ホテルは高くてお茶も飲めなかった。その代わり、古い構えのラングーン・カフェに行き、その後、川を渡し船で渡った。川沿いには高い塀が張り巡らされ、川は道路からは見えない。

渡船場へ行く横断橋のところからやっと黄土色の広い川が見えた。渡し場で、「外国人は二千チャットいただきます」と言われて財布を出していると、「どこの国の方ですか?」と聞かれた。日本です、と答えると、「だったらタダです。この渡船場も船も日本の援助でできているので」。日本人であることで海外で得をしたおそらく最初の経験だ。

柳沢さんの話では、ヤンゴンの水は汚く、洗濯物もいくら洗ってもというか、洗うほど黄ばんでくるという。船内ではうずらの卵を売っていた。川で方舟で網をかけ、魚を獲っているのが見えた。

お土産物屋をのぞいたが美しいと思ったのはハスの繊維で織ったショールだ。でも家にはこれ以上ショールを置く場所がない。すでに二十本くらいはなくしているけれど。

街の中で傘をさし、炎天下でタイプライターを打っているおじさんがいた。帰りに柳沢さんのアパートで休ませてもらう。屋上に出るとプールがあって、遠くに昨日行ったシュエタゴンが金色に輝いて見えた。

五日目

十一時の飛行機でバガンに行く。九時にホテルを出なければならない。車は渋滞にも巻き込まれずにスイスイついた、さて乗る便は小さなプロペラ機。ややこわい。キャンセルも遅延もないのが救い。五十人ほどを乗せて舞い上がった。下に、どこまでも続く沼と森と畑。バガンまで陸路タクシーで行こうかとも考えたが、川や沼が多く、そこを迂回しなければならないので、とんでもない時間がかかる。

一時間ほどでバガン到着、すでに先遣隊はここで文化財保存のワークショップをしている。

オールドバガンの博物館が現場である。壁画を３Dで計測、デジタル化している。やたら大きい。みんなのワークショップの間、私たちは館内を見学し、近くのストゥーパも見た。オールドバガンには古い町並みでもあるのかと思ったが、そんなものはない。どこまでも広がる草原と林の中にニョキニョキとストゥーパや寺院が見える。壮大な眺めである。写真ではつかめない立体的な景色だ。仕事が終わった仲間たちが、夕日を見に行くというので、ついて行った。レンガを積み上げたストゥーパの上に上がったが、残念、最後に下の方にある雲の中に夕日は隠れてしまった。

六日目

今日は井手教授が到着。私と松久さんは馬車を雇うことにした。この辺りの有名寺院を見学する。バイクに二人乗りも考えたが、炎天下をバイクは辛い。結果、ポクポクいう馬車のテンポはちょうど良かった。

夕方までに十も寺院を見学。どこも中には仏像が安置され、壁画が書いてあり、すばらしかったが、十も見たらどれがどれだかわからない。馬の名前はムームー。御者は英語も話せて親切だった。一日で二万五千チャット。ところが私は熱中症になったのか、昼に食べた鴨の揚げ物の油が当たったのか、具合が悪くなり、夜ご飯も少しは食べたのだが、みんな吐いてしまった。下痢も猛烈だった。外国でこんなことは初めて。休むしかない。

七日目

朝、みんなはここから六十キロの聖なる山の寺院に行ったが、階段を六百段上がると聞いただけで参加できなかった。無理して迷惑をかけられない。残念だけど半日休もう。朝も昼も食べずにお腹を干した。

三時半ごろから今度は川でドローンを飛ばして、撮影をした。今日もまた夕日は厚い雲の下に落ちて行った。夕方、暗くなって、川沿いのレストランでバーベキュー。体調少し回復、オクラやベビーコーンなど、野菜を炭火焼きしたのだけ食べた。

八日目

今日は朝から成果報告会。私も三十分ほどのスピーチをするので、例の縫ってもらったロンジーを穿いて行く。この国の文化庁や博物館のエラい人も来て、ワークショップに参加した若者たちも四、五十人いた。マイクを通すと高い天井にワンワン反響するので、井手教授のように英語はできるだけシンプルで、発音もはっきり、ゆっくり話した方がいい。速く話すことはない。

教授はきちんとみんなの努力をたたえ、ミャンマー側の協力に感謝し、無駄のない話をしている。それから松久寛さんの文化財と振動の話、九州国立博物館の活動紹介、ビルマ語の専門家の話、そして私は市民が自分の町の文化資源に気づき、それを記録すること、自分たちで文化財を守ろうとする首都東京での活動について述べた。

日本語のメモをその場で英語にしたため、途中から澤田先生にビルマ語に訳してもらう羽目になった。だが、聴衆みんなが英語ができるわけではないので最初からこの方がよかったかも。

ミャンマー側からも、いくつかのプレゼンがあった。しかし、肝心なところで停電になり、マイクも使えず、パワポも消えてしまう。でもいつものことなのだろう、少しも騒がず、カーテンを開けたり閉めたりしている。あきらめかけたとたんに電気がつく。３Ｄを使ってデジタル化しようとか、ドローンで空中から文化財を計測しようなんて最先端の話をしているのに、停電で遮られるというのは面白い経験。

終わってレセプションがある。でも若い人たちは混ざろうとしない。長幼の序とか、身分階層の序列があるようなのだ。とにかく無事終了。

九日目

最終日だ。十一時にまたプロペラ機でヤンゴンに帰る。隣の席の人はとっても親切だった。空港にはティンティンさんが迎えに来てくれて、これから夜の帰国便出発まで、特に空港近くのお寺めぐりをしようということになっていた。ティンティンさんは大学の急な用を片付けに行ってしまい、三つ四つの寺を見るともういいや、という感じになった。

しかし、ある寺を見に渡し船を渡った。その時見た光景は忘れられない。川沿いにずらりと並んだトタン屋根の汚い家々、それこそスラムであった。去年、サンドさんと調査にくるはずのところだった。窓もない、トイレもない、水道もあるのかしら。でもなぜかテレビは点いていた。川にはありとあらゆるゴミが浮かび、水も汚かった。

待ち合わせたティンティンさんとおいしい麺を食べた後、お土産を買いに行った。そのお店は宝石博物館の近くの庶民的な路地にあった。宝石には興味がないが、その周りの暮らしには惹かれた。すでに火ともし頃で、裸電球の下で無心にミシンを踏む人、人が集まる総菜屋、路上で食事をする家族たち、本当に町が生き生きしていた。

「私のお母さんに会いますか」とティンティンさんが連れて行ってくれたのはボクシングジム。彼女は言う、「この人たち遠くから来ています。お金ありません。ボクシングの練習たいへんです」。言ってみれば、相撲の新弟子のような感じだろうか。二畳くらいの台の上が雑魚寝場所だという。

弟子は少数民族の子弟が多い。このジムの経営者と、ティンティンさんの妹が友達で、なぜかお母さんはここに住んでいるのだという。やっかいになっているのとも違うらしい。血の繋がりがなくても気の合う同士、同居している。お母さんは色の白いほっそりしたひとだ。戦中に女学校を出ているので、英語も話したり書いたり自在にできる。

妹は今博士号を取得中、英語には興味がないという。ボクシングジムの隣は予備校だった。大学に行きたい人は多いが、ヤンゴンには国立大学が六つあるだけ。受験のための補習校だ。こちらは京都大学の名誉教授です、と松久さんが紹介されると、先生方はニコニコ領いていた。もうそろそろ時間だ。あとは空港で時間を潰そう。私の便は十時、松久さんのは夜中の一時。空港で厚い本を一冊読んだ。帰りの飛行機はずっと寝ていた。長くて濃い旅がこうして終わった。

米朝会談とニアミス　ハノイの七日間

二月二十二日

国立競技場を改修して使おうという市民運動に参加したおかげで終生の友達が何人もできた。そのなかの荒木さんがベトナムの現地法人のエラい人になって赴任、いるうちにみんなで訪ねようということになった。

七時に羽田空港国際線の第三ターミナル、割とスムーズにチェックインをして、暇つぶしにお寿司を七貫ぐらい食べたら二千二百円。でもおいしかった。

ノイバイ国際空港もとんでもなく大きくなっている。施工は日本企業。後から着く便を一時間以上待つ。外へ出ると自動車の運転の荒っぽいこと。空港からホテルまで一時間、乗り合いバスで一人五ドル。

旧市街の真ん中辺のホテルは、サイトで見たのと大違い。窓もないし、入ったらドリアンの匂いがする。お腹がすいたので町に出て、麺とか中華風のおまんじゅう、小籠包で小腹を満たし、それからハノイ駅までぶらぶら歩いた。駅員の制服なども社会主義国っぽい。駅もなんだかシベリア鉄道の駅みたいで、真ん中だけ近代化して両翼は古いまま。植民地時代の建物がかなり残っているが、ハノイはベトナム戦争で、第二次大戦の日本の十倍くらい米軍に爆弾を落とされたそうな。

今は平和な町だ。小さなプラスチックのテーブルと椅子でカフェを飲んだり麺を食べたりする人々。おばあさん三人で、戸口でおしゃべりしている。とにかくおしゃべりしている人が多いが、交通量もハンパないし、車は止まってくれないし、事故は相当多いはずだ。

タクシー二台に分乗して三十分ぐらい離れた「ペペ・ラ・プール」というレストランに行く。湖に面し、荒木さんはこのセレブな一角に住んでいるらしい。タクシー代が十一万ドン、円に計算すると五百円位、そう考えると安い。帰りは八万ドン。レストランはおいしかったけども、ちょっと頼みすぎ。

みんなで割ると三千五百円位で、あれだけ飲んだら東京でならと考えると安い。駐在員グループが何組か来ていて、日本人が多かった。「日本人がこのぐらいだったら安く感じるという値段設定になってる」と荒木さんは言う。

二月二十三日

七時に起きてレストランに行ったらまだ開いてないという。壁の時計を見たらば五時だった。つまりスマホが現地時間になっていなかった。また部屋に戻り、ベッドでうつらうつら。

朝八時にバスが来て現地企業の社員と十四人で一緒にドンホイ村に行く。ここは昭和女子大が協力して調査、国家文化財集落になった。日本はお金を出すのではなく、調査とアドバイスを担当した。一行の一人大橋智子さんの夫君も別の大学からそれに関わっていた。すごくいい集落でそれほど観光化はしておらず、みんな優しい。

いくつか農家レストランがあってご飯を食べさせる。そのご飯は素朴なものだったが、とうもろこしの揚げたのとスープが二種類、お肉の炒め物とエビの炒め物、いいお店だね、と感心したのに、後で何度か現地から電話連絡があって追加を払えという。ビールを飲んだ分かしら、ドライバーの分かしら、よくわからない。

夕方、植民地時代の建物の国立歴史博物館へ。黄色い建物でとてもきれいで、陶器など良いものがたくさんあった。

ホテルで少し休み、荒木さんが予約してくれたベトナム料理のフードコートに行く。かなり待たされたが、やっと揚げ春巻き生春巻き、巨大な卵焼きのバインセオ、エビ、麺を二つでビールを飲んだ。それからオペラ座まで歩き、ホテルメトロポールのクラシックなプールサイドバーでカクテルを飲んだ。私はピナコラーダ、弁護士の日置先生の酒はほとんどシャーベット、皆それぞれ違う味だった。荒木さんはワインを飲んでいた。夜中なのになぜかホテルでは工事をしていた。

二月二十四日

今日もバスが使える。現地社員はいなくなり、日本からの七人＋荒木さんとジャンさんという若くて綺麗な女性。彼女は通訳を探したが良い人がいないので、全部クビにして自分が責任を感じてきてくれた。生まれたばかりの子供がいて、お母さんに預けているらしい。絵を描く人の村とバッチャン焼きはあまりきれいな赤がなくて、ちょっと強すぎる色調だった。

お昼は屋台で。酸っぱい焼肉たれに麺をつけて食べるようなもので、これはオバマ大統領が前に来て気に入ったらしい。サツマイモを焼いて切ったのにココナツミルクを入れて固めたお菓子はおいしい。

二月二十五日

ホテル近くのホアロー刑務所に行く。フランス統治時代には、ベトナム人の活動家や独立闘士を弾圧して投獄。足かせ首かせとかを何人かいっぺんにはめていた。お手洗いに行く時はどうしたんだろう。変な重力がかかって腰痛になりそうな足かせとかがあって残酷な工夫だ。

ベトナム戦争時は、墜落したB-52の搭乗員の米軍兵士を収容していた。アメリカ軍兵士はたしかに無差別市民殺戮をした戦争犯罪人ではある。ホーチミンのベトナム政府は米軍捕虜に自由にサッカーをさせたり、自由に遊ばせたりしていたところを印象づけたいらしい。前年亡くなった上院議員のマケイン氏も五年もここにいたという。マケイン議員は解放されたのち、ベトナムとアメリカの関係をよくするために努力したという。

米朝会談の関係か、要人が来るらしく、花束を抱えた人たちがいた。出たところに金《キム》正恩《ジョンウン》氏が泊まるホテルがあり、ちょうど到着したというので報道陣が何百人もいて、市民も何百人もいて、あちこち交通規制をしていた。戦車が並び、警察官も軍隊もいるのに「写真とってもいい？」と聞くといいよと言って兵士はポーズをとって見せたりする。

かなりゆるい警備で、これではテロや暗殺があっても不思議でない。隣に日本テレビのカメラマンが脚立の上に立っている。場所取りに朝七時に来たそうだ。もう十一時。金正恩は飛行機が嫌いで、三日かけて陸路平壌から新義州に入り、中国大陸を南下して国境の憑祥から軌道の巾の違うベトナムの鉄道で移動、昨日ハノイ駅のちょっと前で降り、あとは車で来たらしい。

女性博物館が近くにあったので行ってみたら、結構これが面白く、ハノイでの家庭生活とか結婚とかお歯黒とか衣装とか、いろいろ展示されていた。三階が「革命運動のなかの女性と子供たち」で、最初にベトナム共産党ができた頃の女性活動家とか、ベトナム戦争で勇敢に戦った女性兵士たちの展示。しかし中には精神を病んでしまった人もいたり、勲章をもらった人もいる。息子を戦争で亡くした女たちの嘆きや、密林でカモフラージュして戦った女たちの姿が出ていた。これで民俗博物館に行かなくてもいいくらいだ。

高島屋みたいなデパート、外側は現代的なつまらない建物になっているが、中に入ったら扉とか床の大理石とか古いエレベーターとかなかなかすてきだった。この中に生春巻きの名店があるとガイドブックにあったが、すでに閉店。ハノイの町の変化が早すぎるのだろうか。代わりに牛のおいしい麺を食べた。各々、牛肉が百グラムずつ入ってネギのよい香りがした。

滞在しているホテルからして、マジェスティックホテルなる麗々しい名前に似つかず、中に入るとほんとに幅三間位のペンシルビル。要するに表向きの部屋一室しか窓がない。スタッフの若い女の子たちや食堂のおばさんがニコニコして感じが良いのが取り柄。六階のレストランはベランダもついており、わりかしおいしい。パンとバターのほか、果物がたっぷりある。マンゴスチンがおいしくて、バナナとパイナップルとスイカがある。焼きそばはここで調理した形跡はなく、近所の惣菜屋から出前でとっているのかもしれない。

三日目の朝はうらの道の二十四時間やってる食堂街でフォーを食べたが、絶品だった。三万ドンだから百五十円。ガーが鶏肉。周りの女の人もみな身ぎれいで上品な感じで、出勤前の朝食、何かと旅人の私たちに気を遣って食べ方を指南してくれた。

二月二十六日

二手に分かれて私たちは住宅博物館のある旧市街に行った。入場料一万ドン。家は政府が持っていて、ボランティアの店番がいた。植民地時代あるいはその前のベトナム風の家が見られる。ハノイの空爆を逃れた家を上手に改修して公開したり、ビアホールにしたり、リノベ活用が盛んだ。といっても周辺の農村部にはそれほど爆弾は投下されなかったとのこと。

そこで売ってたものも、趣味がよく、値段も高いが、ブルーのシルクのスカーフが四千円位なので思い切って買う。袋とおはしとブルーのテーブルマットも買う。店員はテキパキと計算し、手先が的確でやることが早い。どの国も人材はピンキリということだ。

旧市街をぶらぶら歩く。まるで劇場のような町に人がたむろして、二階に住んでる人や三階で飲んでる人の暮らしが見えるような不思議な建物がいっぱい。神楽坂で邦楽や伝統芸能のイベントをやっている日置圭子さんはすっかり気に入ってしまう。

ビアホールでクラフトビールはたった九十円。後でガイドブックを見たら五十円と書いてあった。高いとビールが四百七十円位のところもあるし、頭が混乱してきた。〇を二つとってさらに半分にすれば円になるので、立て替えてくれた人には円で払うようにした。

この日は最後の夜。ホテルの裏の食堂へ。空芯菜の炒め物、はまぐりのスープ、ビーフン、おかゆ、エビの揚げたの、等々十五種類ぐらい食べてビールを一、二本飲む。おばちゃん、さすがに明朗会計で、八人で六千円位。つまり一人八百円しない。

その後、ちょっとおしゃれな喫茶店に行ったら、チーズケーキやクレープとコーヒーなどを飲んだだけで一人千円位。入り浸ってネットで仕事している欧米人もいて、まぁ欧米人観光客専門の店である。ただセンスもいいし、担当のウェイターもさっさと椅子を運んでくるし、注文は間違えないで持ってくるし、働く方も能力が高い。

二月二十七日

みんな帰国し一人になったので、行ってみたいのはホーチミンの記念館とB-52の記念館。リライアブル・タクシーを頼む。ホーチミン記念館まで三万ドン、ほぼ真っ直ぐの並木道だった。ところが記念館は典型的社会主義建築。ソ連の建築家が建てたらしく、やたら大きくて入口は一つ。バリアだらけで、中は暗くて、いい資料が多いのに見せ方が野暮で、変な装飾が多い。

ホーおじさんの写真を買って帰る。独身で、子供と写した写真が多い。若い頃はロマンスもあったとか。しかし口元がゆるんでいるわりに目が笑っていない。まあ落ちた偶像にならなかった珍しい英雄だと思う。

お寺で葬式なのか、盛大に人型を焼くのを見た。柱一本で立っているお寺もあった。そこからまたロープが張られて、追われてくぐったら、なんとホーチミン廟への列に紛れ込んでしまった。どうしよう。でも誰もなにも言わない。列はゆるゆる動いてゆく。

ドキドキしながら一周、死んだのに防腐剤で生きているように見える権力者を見るのはあまり気持ちのよいものではなかった。そこからタンロン王城の遺跡に入る。この遺跡がサッカー場のころ、ホーチミンが芝生で見ている写真、これはいい。旗の掲揚塔は一九五四年築、私の生まれた年に、独立戦争に勝利したベトナム国旗を掲げたところ。

たまたま来たにいちゃんのオートバイにまたがって二万ドンでホテルに帰る。線路跡がマッサージ屋やカフェになっている。小腹が空いたので、バインミーを食べる。フランスパンに鶏肉や野菜を挟んで、こんがり焼いてすこぶるおいしい。

夜はカトリーヌ・ドヌーブが来たというカフェに行った。なんとなく清潔でいい感じ。外国人がチャーハンを食べていたがおいしそうに見えた。あのものすごい喧騒と交通量が、交通規制で道路にオートバイも車もいなくなると寂しいくらい。

二十八日、最後の日、孔子廟を見学、インディゴの店でお買い物、そして昼前に空港へ。やれやれ、飛行機にうまく乗れた、あとは帰るばかりだ、と思ったら、なんと米朝会談が決裂。トランプ大統領はあんなに仲良さそうにふるまっていたのに、昼食をとらないで、空港に来たらしい。

一国の大統領ともなると、自分の好きな時刻に専用機を飛ばせるのだろう。とばっちりはこちら。「ただいまＶＩＰの搭乗機の離陸を待っております」というアナウンスが何度も流れ、機内で二時間も待つことになった。最後の番狂わせだった。

インドネシア　2015.9

ゼミ旅行に参加
バリ・ウブドでの一週間

かつて学生時代を東京の谷根千で過ごし、私たちの活動に多大な貢献をし、現在は九州大学の建築の教授をしている藤原惠洋さんは、もう四十年近い友達である。「夏休みの終わりにバリ島にゼミ旅行がありますが参加しませんか」とお誘いいいただいた。国立競技場の改修か建て替えかをめぐる問題で疲れ切っていた私には、一週間の休息がうれしかった。彼らは九州から、私は一日遅れで九月二日、成田から旅立つ。

九月二日――シンガポール経由でバリへ

成田空港でとりあえず一万円を替えたら八十五万ルピアあった。なぜデノミをしないのかしら。シンガポール航空でシンガポール経由バリに夜九時頃到着。相当飛行機が揺れる。シンガポールまではガラガラ、そのあと急に混んでバリのデンパサール国際空港までは満員。オーストラリアからの客などがトランジットに使うのだろう。

最初、別行動だから「空港からは自分でタクシーで来るように。独り部屋で三万円アップ」という話だったのに、藤原さんの交渉のおかげで迎えもつき、宿代は学生と同じ値段にしてくれた。ありがたい。迎えの男性いわく、「空港は日本の竹中工務店の仕事。いま観光客で多いのはオーストラリア人、次が中国人、日本人は三番目」ということだ。

乾期だというのに雨。空港からチャンプルン・サリというホテルまで一時間。最高級ではないが、まあ高級ホテルの部類。隣がモンキーフォレストで、猿が部屋のなかに入ってくることもあるとか。みんな待っていてくれて、遅い夕食に町に出る。ナシゴレンでモヒート。ハッピーアワーだそうで一杯分で二杯ついてくる。学生三十八名を藤原さん一人で引率、事務員はついてこない。去年は四十五人来たという。

大人は四人。藤原さんは熊本の菊池で生まれ育ち、父と山に入って薪集めなどを高校まででしていたという。鈴木秀文さんは竹中工務店に勤め、今は退職して毎日が日曜日。もう一人の嘉月孝志さんは大分県竹田の工務店社長。一級建築士と土木の資格も持っている。スズキングとカツキングというニックネームもつき、すぐ仲良くなった。

九月三日——バナナで紙をつくる

朝はサラダ、パン、ナシゴレン、ミーゴレン、コーヒーとジュース。猿が入らないように鉄条網がついているが勝手に入ってくる。こんな涼しいなんて。プールへ入る人はいない。十九年前に泊まったホテル、ピタマハは王族がやっている小さなホテルで日本人ばかり、それもおじさんと若い女性のカップルが多かったが、ここは欧米人が多い。

そのときは雨期だった。変わったなあ、車がこんなに走ってなかったし、中国人の団体もいなかった。いま道は常に車とオートバイだらけで渋滞。延々歩いていくと王宮。今日は隣の寺院でお祭りがある。御供物を持った女性の列。沖縄八重山の豊年祭に現れる神アカマタ、クロマタみたいな毛だらけの怪獣が練り歩く。

市場での値段はあってなきがごときもの。ガラスをはめ込んだきれいな小皿を二十万ルピア、というのを値切って八万ルピアで買った。そうしたら、更に大きいのを二つ買えば全部で十五万ルピアにするという。鈴木さんがお金を足して買う。そうすると最初の私の一番小さなお皿が一個で八万、鈴木さんは大きなの二つで七万という変なことになる。

それから田圃の中の散歩道を歩き、テガララン村の田園カフェでオーガニックフードをいただく。薄味でよかった。マンゴーとバナナのスムージー。人の食べている物がおいしそうに見える。竹の足場だけでも造形が面白い。藤原さん、「もう二十九回来たけど、どんどん変わっている。来年はどうしようかな、バリに代わる楽園はどこかしら？ 東チモール、ここから一時間」。

さて、午後はホテルから学生四人も乗せ、木彫の村へ。バナナで紙をすいている成瀬さんを訪ねる。もとは平凡社の編集者をしていたという。もうバリに移って二十年。紙を始めて十年になる。

「最初は書道をしようかと思っていました。芭蕉は実芭蕉、花芭蕉、糸芭蕉と三種類あって、私が使っているのは実芭蕉です。これの皮を剝ぎ、ザクザクと切って、大きな鍋で煮る。その繊維を漂白して、日本と同じように紙すきをする。これは最初、オーストラリア人によるワークショップがあったのだが、それ以降やる人が誰もいないので、私がやることに。最初は封筒とかレターセットを作ったが、手間がかかるわりに収益が少ないのでやめた。今は建築素材で、ホテルやレストランの壁面に使うもの。こうなるとある程度品質が同じで、目立たないもの、生成《きな》りより白の方が売れます」とのこと。

「バリはヒンドゥー教とイスラム教の休日のほか、バリ独自の休日があるので、七人雇っていても土日以外に年間に百日くらいの休みがあり、今日も二人来ていない。あまり生産性がなく、しみじみやっているので、注文もそう受けられない。食事もあまり合わないので、外食はほぼしませんね」

小さくて住みやすそうなきれいな家を自分で設計して住んでいる。そのほかに広い庭と工房。「土地は外国人は買えないので借りている。前は毎年のようにビザを取りに外に出ていた」

そんな風にゆっくりして、藤原さんの知人ヒロミさんの家のパーティについたのはもう暗くなりかけていた。九州大学を出て、年下のバリ人木彫家と結婚。彼のお父さんは九十七歳で、十数人の子がいる。下の方だがなぜか跡継ぎになった。最初のころは苦労したが、いまでは美術品販売のビジネスがうまく行き、夫婦はベンツに乗っている。息子が二人いる。
バリニーズと結婚した日本人女性の八割は離婚して帰るという。彼女の場合は結婚した相手の家柄もよく、財産もあった。夫はこの前、国会議員選挙にも出て当選したところ。つぎつぎごちそうが出る。アラック、ヤシのお酒がふるまわれる。学生たちは若いバリニーズの青年との交歓をまだまだ楽しむつもり、ロートルの私たちは夜九時半で先に帰る。

九月四日——アルマ美術館へ

学生たちがガムランの教室に通うことになった。

言葉も通じないのに、リズムの取り方、楽器の扱い方、上手に教える。木のトンカチのようなもので、ガムランを叩く。ほかに大きな金属の太鼓と仏教の鐘のようなもの。家の入り口が細いのは魔除けらしい。中におばあちゃんとよちよち歩きの子供が何人もいるが、これだけの敷地と庭があればいい環境。家の中までは道の喧噪は聞こえてこない。大きな木には白と黒のチェックの布が巻いてある。気根をのばした大きな木が多い。

私はアルマ美術館へ。バリ人は一九三〇年ころまでは女も胸を出し、腰巻一つで農業をしていた。ヴァルター・シュピース（一八九五―一九四二）というドイツ人が、宮廷音楽家として招かれ、バリ舞踊の長いのを、バリ人と協力していまのように短く上演できるようにした。彼は少年を愛し、絵を描いて、欧米人にバリの神話的世界や自然と共生する暮らしを伝えた。戦時中に日本にとらわれ、輸送中に撃沈されてなくなったという。

二人のバリ人高校教師がバリアートに目覚め、個人的に蒐集したのがアルマ美術館、ネカ美術館など。広くて気持ちよい館内にはコーヒーやお菓子の接待もある。券にはカフェでの飲食券もついていた。ショップにあった布もきれい。

二階のすてきなカフェで魚のスープとエビの辛い煮物でビール。夜はティルタサリのバロンダンスを見に行く。その前に町の食堂で、学生たちとバクソなる肉団子入りの麺を食べる。

九月五日――世界遺産・タマン・アユン寺院

世界遺産のバリ・ヒンドゥー教のタマン・アユン寺院。ノースリーブや短パンはいけないので腰布をまく。その後、ジャティルイの棚田の灌漑システムを見に行く。世界遺産、これはすばらしい。農民たちの自治によって水の管理と配分をするスバックという組織がある。藤原さんが熱心に教えてくれる。テガラランのライステラスでは必死に雑草を取る女性たちがいる、それを風景として眺めながらビュフェの食事を出すところは異常に高い。あまり水が引けていない田圃もある。

九月六日――ウブドのホテルめぐり

ウブドの高級ホテルのぞき歩きをした。「次に来たら泊まりたいので」と言うと、どこもニコニコして中を見せてくれる。パンフレットもくれる。アマンリゾートにも行った。たしかに美しく優雅だったが新築で、それよりもっと陰影のあるクラシックなホテルにひかれた。

もう一つ驚いたのは「竹でできた学校（グリーンスクール）」。きのう予約がなくて入れず、ネットで予約して再訪したのだが、竹のしなやかさを生かした不思議な曲線を持つ、たいへん面白い建物ばかりである。オランダ人の女性建築家が設計したと聞いた。ここでは子供たちに持続可能な世界を構築するための知識と感性を磨く教育を行っている。

夜はバーへ。バリ風のインテリアなのに、かかっている音楽はジャズやポップスで、欧米人ばかりが長々と酒を飲んでいる。お金のある外国人を楽しませる天国という役割をいつまでバリは続けるのだろう。

九月九日——シンガポールに立ち寄り

何日かをうかうかとウブドで過ごし、九日の帰り、シンガポールに寄った。丸一日ある。午前中には藤原さんの紹介で、市役所を美術館に改修したところを見学。

私はスタジアムが見たかった。東京の国立競技場を新築でなく改修して使おう、という運動をしていたから。みんなも行きたいといい、地下鉄でいくつか乗ると、そこは市民のためのスポーツのセンターになっているらしかった。そもそもスタジアムの周りが市民のマラソンコースになっている。そこを自転車で走っている人もいる。球技をしている人もいる。そしてスタジアムはわりに簡素な造りで、今日は試合もないのにライトがこうこうとついていた。

そのあとホーカーズというシンガポール式の屋台村で夕食。あちこちの店でおかゆや、名物チキンライスや海鮮焼きそば、揚げ物を買ってきてビールを飲む。まわりを見わたすと、シンガポールには奇妙きてれつな現代建築が多い。斜めのとか、巨大なのとか、高層ビルで屋上に都市を造ってしまったマリーナ・ベイ・サンズとか。地震がないからできるのだろう。

そろそろ私のフライトの時間だ。そうしたらみんな、「俺たちももう十分、行こう」ということになって、みんなで空港に向かった。

フィリピン　2016.4

海でぷかぷかするのが目的だったのに

まゆみさん、フィリピンへ行って海でぷかぷかしませんか、と石巻の茅葺屋根屋、熊谷秋雄さんが誘うので、いいわね、とすぐ乗った。彼は青年の頃フィリピンに青年海外協力隊で行き、タガログ語もできるし、地理にもつよい。待ち合わせの朝、例によって熊谷さん、なかなか来ない。お土産のパッキングに時間がかかったのだとか。

成田でまたはぐれる。お互い自由行動派。「どうにかなりますよ」が口癖。心もとない。

マニラ到着。熊谷さんは今回、フィリピン永住権を取りに来たのだそうな。リタイアメントビザをとる。旅行社に行って手続きを頼む。健康診断に行って無事申請。パーキングから車を出すだけで四十分かかる。

迎えに来てくれたマニラ在住の熊谷さんの友人合原さんは「フィリピンは暑いし、人は働かないし、交通渋滞がひどいし、地下鉄もできないし、アキノの息子はボンボンだし、どうせ財閥の上の方でたらい回しているだけの政権だし」と悪口は言うけど、「それでも日本のような同調圧力の強い国よりこっちのほうが気楽でいい」そうだ。

妻のブレンダさんはフィリピン大学の農学部を出て、ＪＩＣＡのプロジェクトに関わっている。夕食は鶏の醤油煮込み、魚の揚げたもの、野菜の醤油ソースのサラダ、カレー。お土産の石巻の牡蠣とホタテもちょっと味見に出した。まだ生でも大丈夫。エビと大きな魚、ムール貝とタコもあるらしい。熊谷さんはいつもお土産を大量に持ってくる人。後で私が持ってきたタイの奥地のコーヒーを入れる。

リコとモネット夫妻

私は熊谷さんの友人リコとモネット夫妻の家に泊めてもらうことになった。「いいよ」と言ってすぐに娘の部屋を開けてくれた。こちらでは高級住宅地は柵で囲まれ緑が濃い。これをビレッジと呼ぶ。スラムをクリアランスすると後には高層マンションが建つ。

モネットのお母さんは華道池坊のマニラの代表、今年九十二歳。話を聞く。
「お父さんはフィリピン鉄道の重役だった。一九四一年に戦争が始まって、マニラは空爆されたので、一族はお母さんと兄弟七人で逃げた。小さなバッグにちょっとの服だけ詰めて、ラグーナまで小さなボートでね。そのあと一回マニラに戻ったら、日本人の司令官が実家を使っていた。十七歳だった私は日本人将校に求婚されたことがある。祖父は責任ある立場なのでずっとマニラにいた。一日半歩いて逃げたこともある。動いてばっかりだった。地上戦は見たことがないけど」

戦後、彼女は学校の先生をしていて、夫と出会った。夫の家族はとても貧乏だったが、借りた本で勉強して弁護士になった。お母さんの兄弟は今ヤンゴーンでホテルを経営している。「行ってごらんなさい。もう壊れそうな古いホテルだけど」。堂々たる方。

マニラから深夜バスに

町に車で出るが中心部までがものすごい交通渋滞で、モネット曰く、「だから私はラスビニャを動きたくないのよ」。

観光地の要塞に行く。ここまでが海だった。遠くに見えるのが中華街。独立の闘士ホセ・リサールの記念館もあり、彼が愛した日本人女性おせいさんの肖像もあった。彼は北部の大地主の息子で、もてたので色んな女がいた。どちらかというとスペイン寄りだったと言われるが、暗殺されたこともあってフィリピンの英雄になった。

熊谷さんと長距離バス乗り場から二十二時十五分発のバナウエ行きのバスに乗る。かなりくたびれたシートで、狭い。翌日六時半に着くはずが、途中の山道の工事と事故で渋滞し、着いたのは十時だった。その間、お手洗い休憩は一回のみ。重たい熊谷さんがガーガー眠って私の方によりかかってくるので寝られず。

棚田を見にハパオへ

バナウエからハパオの世界遺産の棚田を見に行くことに。その奥には温泉もあるよ、といつもの調子で熊谷さんが誘う。ジプニーという小さな乗合バスが通っている。金属でできたおもちゃのような車で車高は高くなく、トラックの改造か、窓の外にも柵があり、窓ガラスはない。雨が降ればビニールの幕が垂らせるようになっている。

どんどん人が乗ってくる。女の人が英語で話しかける。聞くと学校の校長さんで、「妹がガイドをやっているから彼女に案内してもらいなさい。泊まるところも紹介するわ」という。ハパオで民泊することになった。まずは荷物を置いて、温泉を目指す、妹のパオラさんは五十一歳。

「農家の嫁で四人の子供がいて舅と姑がいる。農業は儲からない、でもこのいい空気といい景色の中にいるのは幸せ。米づくりは六月で終わる。空いた時間でガイドをしている。ガイドは一回五百ペソ」だそうだ。

まずはライスフィールドへいく。「これは二千年前から私たちの先祖が築いたもので、場所によっては石積み、そうでない土止めのところもある。上から水が田んぼにめぐる灌漑施設がないところはどんどん放棄されてしまう。私の米はオーガニックでとても高く売れる、黒いライスワインも売っている」

たどり着いた温泉は少し硫黄の匂いがした。近所の人たちが引き上げた後、のんびりと浸かった。でも熊谷さんと二人だけだし、暗くならないうちに帰りたい。夜間照明など何もない。足元が暗いので、宿に帰るのに時間がかかった。何種類もの米が植えてあったが覚えていない。植えるのも手、刈り取るのも手、運ぶのも手、虫を取るのも手。

帰ったら、インゲンなどの入ったチャプスイと、豚肉のスープ、ニガウリと卵の炒め物などあっておいしかった。ビールをのむ。私は下の部屋で寝たが、いいかげんな造りで部屋にはコンセントもなく、木のドアがときおり風でギイッと開く音が怖かった。

予定変更でサガダへ

翌朝は、ベランダからライステラスを眺めてぼおっとする。ご飯はパンと、卵と、インゲンの炒めたの。素朴だがじゅうぶん。コーヒーは私が持ってきたタイの奥地のを淹れた。方針を変え、雨の中、サガダへ。ついたときには豪雨。最初のホテルはいっぱい。赤ん坊に乳をやっていた若い女が「アザーサイド」と冷たい目つきで私たちを追い払った。

ご主人はいい人で、別の宿の場所を教えてくれ、「マスフェレ」というインに泊まった。西部劇に出てくるような木賃宿。おばちゃんは親切だったが、若い女たちは不親切。一泊八百ペソ。ビールのぬるいのを持ってきたので替えてくれと言ったら、氷を持ってくるからという。熊谷さん、キレた。

ヨーグルトハウスとかいう他の店に河岸を変えてご飯。ここの人たちはとっても明るく爽やかだ。私は鶏と野菜炒めをご飯に乗っけたのを食べたがおいしかった。ヨーグルトのデザートは下にバナナが入って、上にイチゴが乗っていた。焼き串の肉をかじりながら帰った。宿で部屋の外の廊下にスカートを干しておいたら朝にはなくなっていた。私が悪い。

キルテパンの頂上で日の出

朝四時半位に出て行くと暗い中に車が待っていた。「マスフェレ」のマダムに言われてきたというので信頼して乗る。三十分くらい上がったキルテパンの頂上で日の出を見る。人がたくさん集まっていて、屋台が熱いコーヒーやカップヌードルを出す。

五時半頃に雲海の中にすばらしい太陽が上がった。遥か下の方にライステラスが見えた。寒かったので運転手にバスタオルを貸してあげたら、お返しに「ハンギングコフィンが見たいか」ときた。黙っていると、「これ以上はもらわないよ」と手を振るので行ってみようということに。石灰岩みたいな大きな石がたくさんあって、そこに五十年前に吊るされた木の棺があった。

マイニット温泉へ

町を散歩し、織物工場を訪ねる。熊谷さんは十年前にここで作った大きなバッグを再注文。このバッグが唯一、三・一一の津波のあとに残ったものだ。家も事務所も津波ですべて流された。こればかり使っているのでボロボロになった。もう製造中止だったが、事情を話すと同情して作ってくれることに。黒いのを二つ頼む。主人は彼のことを覚えていて、明後日までに作ると約束してくれた。

後は早めのバスでボントックという町へ行くことに。午後一時のバスまでに時間がある。市場を歩き、それから食事をし、熊谷さん、豆をやたら買う。緑やピンクの豆、五種類ほどたくさん買った。本当に買い物が好きで、重い荷物を持つのも苦にならない人。交渉するがどうしても負けてくれない。その代わりに箒を二本つけてくれた。

マイニット行きのバスが来た。もう一時間前から並んで混んでいる。一日に一時と二時しかない。ぎゅうぎゅう詰めでマイニット温泉で降りる。

小柄できれいな女の人が出てきて、七歳の子供といる。経営者はバギオにおり雇われマダムらしい。トタン屋根でベニヤづくりの簡素な宿だが、素朴な温泉プールと、温かい丸い温泉がある。

私は腸が痛んで一、二時間寝ていた。四時過ぎにようやく温泉に入り、また少し休んで、六時半にご飯。それまでに熊谷さんは焼酎を氷で割って飲んで気持ちよくなってしまい、夕食に起きてこない。すでに誰もいない。お米を釜いっぱい炊いて、その上に縦にヘラを刺してあったのには驚いた。おかずはインゲンと豚肉炒めと、コンビーフ炒め。

八時前に床に就いたが、蚊がいて寝られない。扇風機をかけた。窓を閉めた。夜中にお手洗いへ行くついでに全部脱いでまた温泉に入った。だれもいないもの。満天の星で、北斗七星がどれかもわからないくらいだった。静かで空気がいい。

朝はパンとコーヒーと鯖缶があったので、鯖をパンに挟んで食べた。七時半のバスをめざして停留所まで上がっていくと、豚が生きたまま縛られてきた。担いで来た男たちは豚をボトンと落とすと行ってしまった。フレッシュな方が高く売れるので、殺さないで運ぶのだろう。ぞろぞろ人が集まってくる。老女が多い。中に骨でできた髪飾りをつけている人がいた。みんな細くて痩せて小柄でしわだらけで、顔など私の半分もない。

戦時中の話など聞けるかと思って年を聞いてみると、私と同い年だった。全く歯がない。きれいな銀髪の老女だったが、髪を褒めると「ホワイトヘッド」と笑う。今日はＩＤのための写真をみんなで取りに行くのだという。写真を撮ったらまた一時のバスで帰るという。

結局定員の何倍もの人が停留所に集まり、男の人はみんな屋根に乗った。赤ちゃん連れのお母さんが乗ってくると誰かが他の子供を膝の上に抱き上げる。お年寄りが乗り込むと男は屋根に移るし、荷物を載せるのを手伝う。ドンドン天井を叩くとそれを合図にどこでもバスは止まる。客は窓から降り、運賃はみんなの手を渡って運転手に渡される。

これだけの命を預かり、物流と人の移動を支えているジプニーの若い運転手が突然、英雄のように思えてきた。細い道を上手にハンドルを切っていく。ライステラスが見える。豚は私の頭の上にいるのかバッタンバタンと暴れる。崖を落ちたらみんな一巻の終わり。

夏の避暑地バギオ

出来ていたバックにお金を払う。バギオ行きはとんでもないオンボロバスで、座席も壊れかけている。面白い書体の英語で、「ファッスンユアシートベルト」と書いてあるがシートベルトなんぞありゃしない。タバコを吸うな、腕置きに腰掛けるな、などいろいろ書いてある。私の席はちょうど渓谷を見晴らす側で景色がすばらしかった。入口近くの席なので、ちょっと座ってすぐ降りる人が何人も私の隣に腰掛けた。みんな目を見交わすとにっと笑った。バギオまで七時間、最初の三時間は景色のおかげで長い気がしなかった。

バギオは夏の避暑地でマニラの金持ちが別荘を持っているとか、軽井沢みたいだとか、米軍の保養地だったとか聞くが、空気の悪い大都会でたいして魅力がなかった。

マニラへ帰るバスはいつ乗れるかわからない。私は窓口で「アイム・ジャパニーズ、アイマストゴーバックトゥージャパン」とか言ったのだが、手を振るだけで取り合ってもらえない。そこで運転手に直接交渉すると「タガログ語はできるか」ときた。私は「ノーノー、あんたは日本語できるか」と聞いた。

めんどくさくなったのか「もういい、乗れ」ということになった。「友達を連れてくる」と言い、熊谷さんを引っ張ってきて大荷物をバスの腹に収め、バスに乗り込んだら一番後ろから二番目しか空いていない。

最後の一段高い列に家族がいて日本語を話している。バギオにある実家に休暇で来て、これから千葉まで帰るという。フィリピン人の妻は最初日本人と結婚していたが、一人子供が生まれたのに彼はどこかへ逃げて連絡が取れない。日本永住権はある。今度はフィリピンのバギオの男と結婚してその男に日本永住権ができた。また二人の子供を産んだ。それで八千代で解体の仕事をして親子五人で暮らしているんだそうな。

熊谷さんは早速名刺を渡し、「仕事をしたいなら北上に来なさい」みたいなことをまたもや言っている。前方のスクリーンで映画をやった。みんな笑い転げていた。アドベンチャーものだ。夜の十時半にバスはマニラについた。

やっと海へ

アンヘレスのカトリック系大学へ国際交流プログラムで行く。幼稚園から大学まで二万人の大所帯。フィリピンには大学はたくさんあるが、教育水準は低い。6・3・3でなく6・4なので、外国の大学には短大扱いになってしまう。公立高校は一万人もいるほどで、手がかけられない。中流以上の人は皆私立に行く。

フィグローというエネルギーの教授。合原さんの友達で、愛媛大学で学位を取った方、すごく明るくて、楽しい人。何か言うと、「今度！」とか「まあまあ」とか言う。もう一人真面目で緻密な人がいて設営をしてくれる。朝ごはんもサンドイッチとおいしいマンゴジュースが出た。最初なかなか集まりが悪かったが、夏休みなので仕方ないかも。

最後は三、四十人になり、書家の武島さん、まずは「創造」と書く、それから般若心経を全部そらで書いたので、みんな驚いた。その間、合原さんが般若心経について解説し、紙や筆や墨の話をした。みんなまた、「母の日おめでとう」とか、「愛」とか「神こそすべて」とか「ソフィア（叡知）」とか書いてほしいと言い出す。

大学側がランチを食べようというのを振り切り、車で脱出。海へ海へ。市場でイカとナスとマグロといろいろ買い込んで、小さなホテルへ。インターネットも繋がらないが、こぎれいでクーラーも使え温水も出るホテル。

ちょうど夕日が落ちようとしているところでやっと海で泳ぐ。波も空も赤く染まって、たゆたっていた。夜ご飯はイカの焼いたのと、マグロのステーキをメインに、ナスがおいしかった。

合原さんの場合

呑みながら合原さんの話を聞く。「僕は一九五八年生まれ、九州の福岡。お父さんがもてすぎて家庭が収まらず。お金がなくて、高知大学から鹿児島大学大学院へ行った。それからフィリピンに青年協力隊で行って、熊谷と会った。こいつはほんとにクマ害だ。やりたい放題。でも憎めないやつだ」

妻のブレンダさんとは同僚で、彼女が二十九歳の時に結婚。四つ下。

フィリピン人と日本人が結婚するのはたいへんですかと私。

「向こうの家族が日本人は金持ちだからとぶら下がろうとする。金を貸してくれとか、いろいろ来るが断った。それでも親戚の子供を七人くらい大学の学費を出してやった。みんなアメリカで弁護士になったり医者になったりしている。投資しがいがあった。妻子を置いて出張も多いので、プレゼントとか、気持ちを表すようにしないと続かない」

マニラを足場に、パキスタン山岳地帯フンザでそこでしか取れないブドウやアプリコットのような果物の生産指導をしている。フンザは長寿の国、桃源郷ともいわれる。

「仕事はきれいごとではいかない。その土地の人の暮らしを良くするには産品を作り売って儲けなければ。協同組合や地元の団体を通じてなんてやり方は通用しない。彼らは必ず喧嘩し分裂する。それならよき個人を応援して成功例を作る方がよほど早い。すると六十パーセントの人は真似をしてやってみようかなという気になる。二、三パーセントは参加しない意固地なのがいる。それでいいのではないか」

昼間は暑くて泳げない

海でぷかぷかしませんか、と誘ったの誰よ。昼間は暑くて泳げっこないわ。朝の六時四十五分くらいに私は泳いだ。濡れたタオルを干すと二時間でパリパリに乾く。朝ごはんはミックスアドボといってチキンや豚、ビーフを焼いたものと目玉焼。

日に照らされたせいか、頭が痛くなって寝る。起きてみたら二時半だった。夕方泳ぐまで部屋で寝ていた。その間に熊谷さんと合原さんは宮城のおみやげ「萩の月」を持っては、あちこちに挨拶回りに行ったようだ。この辺で昔、彼らは二人ともＪＩＣＡの職員をしていたのだった。

夜はまた彼らが市場で食材を買い込んできた。ホテルの料理人にチップをはずんで、夕コの足の串焼きと、炒め物。カニ、エビ。ここのバナメイエビは養殖に薬を使っていないので、安全だとか。マグロのカマ、ヒラメの刺身、クエの刺身、ムール貝、ナスなど豪華。生姜とニンニクとナンプラーにカラマンシーというレモンをかけて食べる。

知り合いの家を訪ねる

朝ひと泳ぎ。沖を大きな、カラフルな釣り船が行く。足が見えるほど透明で、魚が泳ぐのも見える。しかしなんかチクチク刺される感じ。クラゲではないようだが。朝は甘くないマンゴーをトーストにのせるのがおいしい。タコとムール貝のスープ、うまい。

私は合原さんの知人の家を訪ねた。彼らは海ぎわに住んでいたが、川の氾濫で家を流され、もっと内陸に移った。そして土地を買い五十万円でこの家を建てた。すっきり片付き、やや暗いがよく設計された家に四つのベッドルーム、大家族だ。

彼の母親は身持ちが悪く出て行ってしまい、父親と妹たちが二人。その夫たちもいて、離婚した前妻との息子がいて、妹たちにも子供がいる。それでみんなで家をやりくりしている。今日はいとこやおじさんも来ている。裏庭に、きのこを栽培する涼しげな小屋があるが、もう収穫は終わり、乾かすだけ。お昼ご飯を出してくれた。ホットケーキ、そしてご飯とおかずとキムチとスープ。オクラとニガウリの炒め物。

それから熊谷さんが青年海外協力隊時代に世話になったドクターヤップの家を訪ね、お菓子とカレンダーを渡す。彼は副市長をやった歯科医で、娘二人は医者。今八十五歳という夫妻の若い頃の写真を見ると美男美女。日本人はすてきな人々だといい、今までに二十人ものＪＩＣＡの協力隊を家に置いて面倒を見た。

一九九一年の今世紀最大規模のピナツボの噴火でヤップさんの家が埋まった時には、恩返しに協力隊の面々が支援を惜しまなかった。彼の話によると「戦時中、日本人のコロネル（司令官）がいて、他にも中村という士官もいて地元民と仲良くやっていたようだ。日本軍も指揮官によるし、占領初期には住民をいじめなかった。いよいよ敗走する時になって、住民から食料の略奪を行ったり、女性を暴行したりしたけど、それも場所による、人による」とのこと。

一人でスービックに泊まる

ずっとみんなと一緒なので、一晩だけ私ひとりスービック元米海軍基地近くの小さなホテルに泊まりに行った。退役米軍人が帰国せずにレストランやバーにいた。

さて、明日は大統領選挙。こちらの選挙は物をばらまいてよいらしく、テレビでもトイレットペーパーを選挙カーの上からばらまくところをやっていた。買収されて投票し、おこぼれにあずかろうという人も多い。民意とか清貧ということは関係ないらしい。

思い出せば一九八六年、暗殺された夫、ベニグノ・アキノの妻コラソン・アキノは黄色いスーツで大統領選に出馬、腐敗したマルコスに勝って女性大統領になった。支持者も黄色い服で応援しイエロー革命と呼ばれた。しかしコラソンは財閥コファンコ一族の出で、彼女が大統領になったため一族は栄えたとこちらの人は言う。そのあとラモスが一期務め、その時は経済がうまくいったが、その後エストラーダが二年で汚職で引退、副大統領のアローヨが延べ九年も大統領を務めたが、二〇一二年横領容疑で逮捕された。

空軍基地とオクラ工場

十一時頃、クラーク空軍基地を見に行く。すでにアメリカから返還され、なんだかさびれている。ホリデイイン、ヨコハマタイヤ、ゴーカート場などあるが、閑散とした季節はずれのリゾートみたい。でも米軍基地って返してもらえることもあるんだな。免税店に行くと、アエタ族の人々に会う。ものすごく華奢で縮毛、丸顔の少数民族が山から野菜を売りに来ていた。彼らは手で荷物を運び、どこかからバスに乗って売りに来ている。

大渕さんという四十代男性のオクラの工場を見に行く。彼は神奈川生まれで最初、青果物の国際商社に勤め、ミンダナオでバナナの輸出をしていた。それからこの近くのターラックという土地で二〇〇二年からオクラの栽培を始めた。バナナは何千ヘクタールの資本のいる商売だが、オクラはそんなにいらない。オクラ農家に作ってもらい、それを集荷し、工場で洗い選別し、百グラムずつ詰める。日本では六月ごろからしかできないので、冬の需要を埋める。

「生協やスーパーと取引し、日本で禁止の農薬を農家が使わないようにします。残留農薬の検査も厳しくして、規格も守っているとどうしても廃棄物が出る。傷まないようにネットに入れてからセロファンで包むのが大変。野菜農家が喜ぶのがうれしい。百五十人の雇用を作り出した。力仕事がほとんどの男にとっても、こんな軽作業でいい仕事はない。ここにいて思うのはつぶしがきかないということ。ぼくだってこの事業に失敗したら、他は一日百五十ペソくらいになる仕事しかない」

夜、アンヘレスまで戻り、楽宮なる早くて安くてうまい中華を食べに行く。合原さんの友人、森林官のアルフレッドとジョーが来るが、二人ともアクション映画の主役のようだ。どすが効いている。合原さんは彼らとまた飲みに行く。私は眠る。

アンヘレスのひどいホテルを出たのは十一時ごろ。三時くらいに合原家へ。熊谷さんは永住権が取れたとかで喜んでいる。あす帰るので持って帰るお塩を詰めるのを手伝ったりするが、大量の土産物でちっとも進まない。最後の夕食。選挙の前日なので酒類は販売禁止。合原さんが、酒屋さんに裏口から訪問して「外国人で選挙権はないから売ってやってくれよ」と交渉、ようやくビールが手に入った。

五月九日。朝五時半起きで、空港へ。十時の便、三時半に成田。日暮里まで帰るもタクシーなし。翌日、ドゥテルテが大統領選に当選したのを知る。

（上）バギオのビーチ、（左下）ハパオの棚田、（右下）マイニット温泉で出会った同い年の女性

インド　2010.3

プラちゃんの結婚式

二〇〇九年に国際交流基金が初めてまちづくり関係者を派遣する仕事で、インドとブータンに行った。そのときに通訳してくれたプラサード・バクレさん、通称プラちゃんがニューデリーのネルー大学を卒業し、めでたく日本の企業に就職。来日前にインドで結婚式を挙げるから、森さんも来てもらえないかという。相手は外交官のお嬢さんでシーク教徒。プラちゃんは仕立屋さんの階級のヒンドゥー教徒、カースト制の残るインドで、宗教やカーストを越えた結婚はなかなか難しかったらしい。めったにないチャンスなので、さっそく切符を手配した。

三月五日――デリー、マユールビハールの会場へ

朝八時頃出立。十一時半のＪＡＬでデリーへ。飛行機では眠れないタチなので、もっぱら見逃していた映画を鑑賞。十時間のフライトで午後六時すぎ到着。迎えのアビレイク君となかなか出会えない。やっと一度デリー南部のレジェンドインに荷物を預け、マユールビハールの婚約式の会場へ向かうも、渋滞の中、アビレイク君、途中何度も車の窓から首を出して、会場の場所を通行人に聞いている。親友が場所を知らないのかな。『インド待ち』（周防正行著）なる本もある。いらいらせずに待つしかない。アビレイク君はパトナーの出身、プラちゃんの二年後輩で、奨学金を取って日本にいったこともあるという。

もう十時近い。着くと広い会場でおいしいスナックのようなものを配っている。もう宴は終わったかと思いきや、六時半開宴の予定が九時頃から始まったそうである。別に焦ることはなかったのだ。

黒のスーツに尖った靴でビシッと決めたプラちゃん。彼はひょうきんでかわいい感じの顔立ちだ。オレンジ色のパンジャビードレスのスプリティさん、パンジャブ州出身なのでサリーではなくパンジャビードレスなのらしい。かなり濃いめのきりっとしたお化粧で、前に

会ったときの優しいお嬢さんの印象と違うが美しい。スプリティさんの家は外交官、お父さんは日本やドイツに駐在していた。インドにおけるシーク教徒の位置は説明が難しい。優秀な人が多く官僚にもなっているが、かつては少数者として迫害されたこともあった。

妹さんはこれまた女優のような美人で、ネルー大学の日本語学科を卒業して働いている。全員パンジャビースーツだ。長いブラウスとゆったりしたパンツという、これは私でも着られそうな気がする。

深夜十二時近くなってやっと料理の蓋が取られた。鶏や羊肉のカレーが二十種類もあったが、中国料理、イタリア料理もある。お酒はいっさいなし。甘い飲み物が配られる。セティ家の人は日本語が話せる人が多い。プラちゃんの実家プネ出身のバクレ家の人々は歌って踊って楽しそう。私もプラちゃんと沖縄の「島唄」を歌って踊って、お義理かもしれないがみなさんに拍手を貰った。

三月六日——バハイ教の礼拝堂などを回る

一日休み。もう一人の日本人ゲスト芦沢さんはアリタリア航空のフライト・アテンダントを二十年勤めた後、いま東京外国語大学のイタリア語専攻に入り直し、スプリティさんのお友達である。スプリティさんは東京外語大の大学院で樋口一葉を研究するとか。

芦沢さんはすでにアビレイク君と一日、旧市街を歩いたとのこと。私は今回、結婚式が目的なので、あとは、どこでもいいよと言い、タクシーでベジタリアンの寺ユビンド、バハイ教の礼拝堂、美しいミナレットのついたイスラムの寺、ガンジーの旧居、コンノートプレイスなどいろいろ回った。バハイ教は一九一四年、アメリカ人、アグネス・アレクサンダー女史が来日、秋田雨雀や望月百合子が大きな影響を受けているから、とても興味があった。

一八四四年にバブ（門という意味）という名の青年が「新しい時代の到来」を告げる。しかしバブ自身も含め、二万人以上が虐殺された。それを継いだのがバハオラで、彼も迫害を受けて一八九二年アッカ近郊で亡くなり、長子のアブドル・バハが跡をついだ。太陽神を崇拝する宗教で、ものすごく大きな蓮のつぼみのような形の礼拝堂である。人類の一体性、真理の独立探究、科学と宗教の調和、男女の平等、世界平和の達成などが原則とされている。

昼は鶏の塩焼き、タンドーリよりさっぱりしてレモンをかけて食べる。でもこの店の売りはバターチキンで、あんまり勧めるので追加注文。確かにおいしかったけど、食べすぎかも。タクシーはチャーターして八時間で五百ルピーなり。

この日、中島岳志さんが紹介してくれたネルー大学の高倉さん夫妻とベンガル料理で会食。「インド人の九割九分はよい人。だます人はひとつまみ。でも何も情報を出さないから苦労する。日本人のことは好き、知られているのは黒澤明監督。尊敬されているのはもちろんガンジー。デリーは空気が悪いのが難」などという話をいろいろ聞く。

三月七日――ドレスコードに戸惑いながら

朝からデリーでの結婚式に出かける。ドレスコード、「葬式には黒と白を着る。それ以外ならなんでも」とアビレイク君に聞き慌てる。そうなると持ってきた服の半分は着られない。私は黒か紺か茶みたいな地味な色の服が多い。真っ赤な絹のブラウスに黒のパンツ、金色のショールで勘弁してもらう。シーク派寺院に、プラちゃんは真っ赤な衣装で白馬にまたがり、ターバンを巻いたまさに王子様のようないでたちで乗り込んで来た。バクレ家のお父さんは銀行員、親戚も税理士さんなど経済関係の方が多い。女性たちはサリー、男たちは絹のクルタで楽隊に合わせ、踊りながら行列はちっとも進まない。一人息子の結婚式は人生最大のイベントなのだと思う。

一方、セティ家の人々は男はみなターバンを巻き、立派な髭を見せている。その髭をターバンを止めるゴムのなかに巻き込んでいる。今日のスプリティさんは真っ赤なドレス。妹さんは濃い緑のドレス。寺院での結婚式はあんまり気持ちよすぎて、居眠りしてしまった。その後、また盛大なパーティがあった。

デリー大学と並ぶ名門、ネルー大学の学生たちと会話。皆日本語を話し、安部公房「砂の女」や柳田国男「遠野物語」の話をする。漱石の「門」とか「こころ」も読んでいる。「田舎から出てきてデリーで学び、ふるさとの両親を気にかけながら都会で就職して挫折する。漱石の小説は僕たちの人生そのものです」と言う。

三月八日――タージマハールへ

一日休み。車を雇って芦沢さんとタージマハルへ行く。朝、六時に出て片道五時間近くかかる。道中、アクバル帝のお墓を見る。タージマハル、既視感はあるけど、やはり一度は見ておくべき完璧な建築。逝ける愛妃のために王様が建てたという。世界遺産のわりには混雑してはいなかった。ただ炎天下でいろんな手で金を取ろうとする人々、つきまとう物売り、案内してあげるという学生、父も母もいないという子供、子供をだしに食べる金をくれという女性がいて、かなり疲れる。

そのあとアーグラ城、最後に見たファティマなんとかいうお城は一番美しい。それにしても外国人からは入場料七百五十ルピーも取るんだから、もっと親切にして、地図やガイドもくれればいいのに。

この日、ホテルに戻ると、スプリティさんから家へ来ないかとの誘いあり。日本からの客をもてなそうという感じなので、行かないわけにもいかず。芦沢さんとタクシーでどうにか母方の親戚の家を探し当てる。郊外団地みたいなところだった。みんなこの近辺に住んでいるようで、親戚が次々現れるが、アメリカで医者をしているような人が多い。シーク派はビジネスマンも多いと聞く。

三月九日——次の結婚式が行われるプネへ

デリーのレジェンドホテルに滞在中。朝、チャイ屋で紅茶を飲む。五ルピー。これからバクレ家のあるプネに移動して、そちらでまた結婚式。プネはガンジーが最初に演説した歴史的な土地だ。三時半の便に乗るのに二時過ぎてもプラちゃんたちがホテルに迎えにこない。やっと来たと思ったら「森さんのシートは5のDですが、もちろん僕とスプリティちゃんは並びます」なんてうれしそう。のんきだなあ。

デリー名物渋滞のなか、スプリティさんが空港に電話をかける。「今から行きますから待っててね」と言っているのかなあ。カワセミの美しいカラーの絵が描いてあるチケット。私はプラちゃんのおばあちゃんの隣りだった。車椅子を担いでお乗せした。おじいちゃんは八十五歳だが車椅子に絶対乗らず、自分の足でタラップを上がった。

プネはデカン高原で涼しい。教育県で大学も多く若者が多い。文化水準も高く、劇場や映画館が多いそうだ。この前テロ事件が起きたという喫茶店の前を通る。着くと鉄道で二十時間かけて先に帰ったバクレ家の親族が、家の入り口から紅白の幕を張り、玄関まで赤い絨毯を敷き、家の床には砂絵を描き、イルミネーションで飾って花嫁花婿を待っていた。

家を入る所から儀式があり、二階の祭壇でまた儀式がある。おうちに泊めてもらう。

三月十日——家族の木、系図を書く

一日、プラちゃんの家で過ごす。朝はお父さんが近くのカフェのモーニングに連れて行ってくれた。家には三十人くらいの親戚や友だちが合宿状態。お母さんはサリーを着て大きな椅子に悠然と座り、お友達という人たちがかいがいしく料理から、掃除から、お母さんの着付けまで手伝う。お母さんは大柄で肉付きもよく、威厳のある顔立ちだ。お父さんは割に小柄でやさしそうな人。大勢がサリーで動いて気にならないのだから家はけっこう広い。家族の名前を全部覚えたらビックリされ、「この人はみんなの名前を知ってるよ」と親近感が増したみたい。家族の木、系図を大きな紙に書く。

みんな面白がって自分の名前を書き込んでくれる。お母さんの父母は健在。おばあちゃんは十三歳で結婚したという。ガンジーと同じ。お母さんアンジェリにはアナント、アトゥル、アブハイの三人の兄弟がいて、とくに末のアブハイ叔父さんがこの結婚式の会計その他仕切っているらしい。彼はエンターティナーで歌も太鼓もうまい。夜はこの地方のミュージシャンが来て踊ったり歌ったり。そのあとも家族揃ってしりとり歌合戦が続く。老若男女が同じ歌をよく知っているのに驚く。

お父さんには弟ダッタプラサードがいて、その娘アカンシャがまた気のきく、歌と踊りのうまいお嬢さん。お父さんの姉のエフタとその夫アルンは一族の重鎮で、アルンさんは私にヨガの呼吸法など教えてくれる。「片方の鼻を押さえてもう片方の鼻の穴から空気を出してみろ」と言う。

段々この家の人に慣れてきた。ご飯の配膳も手伝うと、「彼女は客というより実にエンジョイしてるな」などとほかの家族に言ってくれる。今日、買物に行き、赤いパンジャビドレスを買ってそれを着ると、ますます親近感が増した。スプリティさんの両親親族がプティに到着。私はプラちゃんちに民泊。結婚式の客人を泊めるために貸し布団というか、わらのマットをたくさん借りて積み上げてある。雑魚寝で、叔父さんのダッタプラサードさんの隣りに寝る。夜のあまいチャイが体にしみる。

三月十二日――日本とはだいぶ違う結婚式

結婚式当日。親族中が泊まっている。私は起きても着替えがない。みんながすてきな衣装をお召し替えするのに、自分は紺色の帯で作った絞りのドレス。しまった。パールのネックレスも忘れた。この三階建ての家には五つもシャワールームがある。三十人くらいのゲストは上手に空いたのを見計らっては沐浴し、着替えているらしい。ダッタプラサード夫人ラジュさんに聞いたら、サリーを三枚、パンジャビーを五枚、持ってきたという。

この地方の女性はサリーが主で、お母さんなどはサリー一本槍だ。結婚式は七時からということだったが雨。ただ雨はインド人が渇望するもので、むしろ縁起が良いとされる。止んだり降ったり、会場も二転三転した。

こちらの結婚式はスピーチというものはなく、飾り立てた舞台の上に花嫁花婿と双方の両親兄弟が並び、みんな列をなしておめでとうの挨拶をするのみ。大変なご馳走が出たが、それもバイキング方式で、勝手に食べて勝手におしゃべりする。後で聞くと八百人の客が来て九割はお父さんの会社の前の同僚とか、お母さんの小学校時代の友だちとか、花嫁どころか、花婿も直接に知らない人だったらしい。この日、セティ家の従兄弟たちが泊まるホテルの部屋がなく、私はバクレ家に連泊。

三月十三日――アーユルヴェーダのマッサージ

インドには何時、という約束がないのかもしれない。結婚式の行事はすべて終わり。今日は一日暇なのでアーユルヴェーダのマッサージでも行ってみたらいいという。声がかかるのを期待してずっと待っていた。取り込み中だから催促はせず遠慮していたが、四時になってさすがに聞いてみた。あてにした店は休み、でも五時頃、従弟さんが別の店に車で送ってくれた。

シロダーラとかいうごま油をたらりたらりと額に垂らすのを一度やってみたかったのだが、油を熱して煙も立っているし、あれをそのまま顔にかけたら火傷すると思われた。額に垂らすのは人任せだし、あわや大惨事。油のこげる臭いでのどもやられた。そんなに熱いのはいやだ、とか英語でわめく。言葉が通じないのだから相手を信じるしかない。まあ無事に済んだ。そのままバクレ家へ。親族も半分は帰ってしまい、十人ほどで最後の晩餐。お母さんが「遠方よく来て下さいました」と記念に深い緑色のサリーをくださった。お父さんにもじっと抱きしめていただいた。

三月十四日

インド最後の日。プネの空港へ。デリーではトランジットに二、三時間余裕があるので、車を雇って空港近くのファブ・インディアに行ったらいいと、プラちゃんが手配してくれた。ここはすばらしい。手紡ぎ手織りの美しい布、マット、服を売っており、何年ぶりかで買物欲満開になってしまった。一時間くらいの間に試着して買った服、十一着。ストールやクッションカバー、マットその他諸々で、日本で絹のショールを一枚買うくらいの値段だ。と言ったら、子供たちに後で批判された。自国の貨幣価値に換算して安い、と思うのは傲慢である。その土地の人にとってどのくらいの値段なのかに注目せよ、と彼らは言う。

三月十五日

帰りのJAL、朝七時着。喧噪の日々を過ごし、気も遣ったからさすがにぐったり。トランクを片付けながら、中島岳志さんの『ガンジーからの問い』を夢中になって読む。行ってみたからわかることもある。インドの結婚式の余韻に身を任せた。

スリランカ　2015.9

ジェフリー・バワ設計のホテルへ

インドの東に小さくくっつく島、スリランカ、昔はセイロンと呼ばれ、セイロン紅茶が有名だった。世界初の女性首相バンダラナイケという首相がいたこともある。これまた石巻の熊谷秋雄さんからお誘いがあり「ジェフリー・バワのホテルに何泊かしますよ」につられて、同行することにした。尊敬する建築史の後藤治さんも行かれると言うし。

ヤギのチーズの蜂蜜かけ

十三時二十分のスリランカ航空直行便でコロンボへ。機内が異常に寒い。この前のシンガポール航空も寒かった。いくら温度を上げてといっても駄目。キャビン・アテンダントはシンガポール航空に比べ太め大きめ。

コロンボの空港、古いタイプで懐かしい。ぼんやりした電灯。暗い待合室。空港でビザがとれる。いとも簡単、三十五ドル。旅客の半分は乗り継いでモルジブに行くとか。クマちゃんが荷物を持ってくれる。七人乗りバンで建築家の神辺さんと後藤さんに会う。

スリランカは共和制。インドより暮らしの水準は高い。田舎道なのに突然現れるピカピカのスーパー。かと思うとまるで駄菓子屋みたいな小さな開放的な店。店番の男の子。信号全くなし。ヤシの林。あちこちに仏像。運転手が下りてドネーションの箱に札を入れ、祈った。旅の安全か？

緑のゲートの小さな宿マンガラ・ロッジに着く。豚、鶏の炒め物、果物、ビーフンみたいなものを出してくれる。ヤギのチーズの蜂蜜かけなど。十人前くらいある。ほとんど食べ残す。部屋は簡素。スリランカ蚊といいたくなるほど蚊が多い。簡単な蚊帳の下で寝る。

トリンコマリーの日本人女性

朝ご飯は庭で。ココナツ飲むか？ と聞かれ、はいと言うと、若者が庭の木にするする登って取ってきて、その場で割って飲ませてくれる。次はパパイヤ、採れたてで贅沢だ。パンはカレーパンのようなもの三種、甘いもの三種。ビーフンの間にココナツを挟んだものとか。主人は小柄なおじさんで、元俳優。たくさんの骨董品を見せてくれた。民具とか、牛をつなぐ車とか。ブッキングドットコムに宿の良い評判を書いてくれと言う。

車で九時出発。東京大学の森林学、山本先生の見たい森へ。人工林。中にたくさんの施設がある三十万ヘクタールを十人で管理しているという。その後、トリンコマリーで玲子さんという日本人女性に会う。シニア海外協力隊で一年。シンハラ語、タミル語が混じる地域の、花嫁学校のようなところで教えている。前にバングラディシュに行ったので、それと比べると政情ははるかに落ち着いているという。

ソロモン・バンダラナイケ首相が一九五一年日本からの賠償を辞退した話。コロンボとトリンコマリーは日本軍が空襲をした。海の見えるイタリアンレストラン、海の幸のグリルだけ食べる。ご飯とサラダとイモのフライもついて、おいしかった。現地では毎食カレーなので玲子さん喜ぶ。ブルーウォーター・ビーチ・リゾートというホテルは真新しいが、「ブルーウォーター・ビーチ」という名前のわりに海は見えない。近くに教会もあり、酒は買えない。紅茶を取って飲む。プールで泳ぐ。

ヘリタンス・カンダラマに泊まる

朝、早く起きて、海を見に行く。犬がいる。細い道を抜けてビーチへ。すばらしい晴天。ジョギング中の欧米人。三十分ほど海辺を楽しむ。掃除中の陽気な男性に、ここはバンダ・アチェの津波の時どうだった？ と聞くと、「あまり被害がなくて五メートルくらい、木の家は胸まで水が来た」と胸を指さした。「その時は二十七歳だった。それでも二人船に乗った男が内陸まで運ばれていろんなものにぶつかって死んだ。波はすべてのものをさらっていった。ほかの浜では二千人も死んだ」と話しているうちに顔が歪み、手で目を覆い、泣き出した。

ごめんね、もう思い出さないで、と私はいって彼の肩をさすった。ホテルに帰るとキッチンにいた男性にも、「津波のときはここにいたの？」と聞いてみた。「俺はいなかったけど、俺の妻はいた。みんなあそこの山に逃げたんだ」と少し遠くの岩山をさす。みんなそろって朝の食事。パンとフルーツと卵とふかふかのソーセージと、紅茶。

九時に出発。今日はものすごいシーギリヤの山に登る。ものすごく大変だった。後ろから人は来るし、狭い鎖場みたいなところを、もう、次に来たって登れっこないぞと自分を励まして登るしかなかった。頭のおかしな王様がいて、高さ二百メートルほどの岩の上に王宮を築いたのだ。その水のシステムがすごい。岩の上でダンスを踊ったり、パーティもいろいろしたって。酔狂ではた迷惑な王様の話。

その後、渓谷にぽつんとある観光客向けのビュフェ・スタイルのカレー屋に行った。薄暗い家、豚肉と鶏肉の辛いカレーが一番おいしかった。ビールを飲んだせいで午後はふらふらで、そのまま、ダンブッラのゴールデン・テンプルにいった。ここも石窟までの階段が多くて閉口したが、上り切ったところの釈迦の涅槃像やたくさんの仏たちは派手でなく、さびれてよかった。上ったかいがあった。白い腕に結縁のひもを結んでもらう。

いよいよカンダラマのジェフリー・バワの造ったホテル「ヘリタンス・カンダラマ」（一九九四年）に泊まる。フロントにも巨岩をそのまま生かしてある。目の前には湖が見え広い草原に馬がいる。ウェルカムドリンクが出る。部屋は比較的安い森に面した二階だったが、陰影があり、かえって熱帯雨林らしくていい。ウッディな床や壁。シンプルなインテリア、使いやすいバスルーム。建物は全体に横の線を強調してライトの作風をより荘重に、ごつくしたようだが、この風の吹く草原ではこのくらいのごつさは必要なのかもしれない。草原に落ちるようなインフィニティ・プールで泳ぐ。

七時半からどこで食事するかでもめる。七階のレストランは高そうだし、六階のビュフェがいいという意見。ビュフェは取りすぎるし、がさがさして落ち着かないという意見。結局、七階でスープとメインをとると三千円くらい。赤ワイン一本が二万にもなった。

朝は六時に起きて、一人でホテルの中を探検。バワは一九一九年、コロンボ生まれ、最初英国ケンブリッジ大学で英文学を学び、それから弁護士になり、三十八歳で建築家になる。スリランカの国会議事堂も彼の作品。このホテルは一九九四年に建って二十一年目で、わりと後期の作品。はじからはじまで一キロあり、スリランカで一番長いホテルだそうな。それでも客室は百五十程度、ゆったりしている。プールは三つ。二階のを見に行ったが、猿の群れがいて入る気になれない。七階のに入ってみた。誰もいなくて天国だ。

朝八時に車が来て、今日はナランダの寺院を見る。もう一つの寺院も見る。それからヤシの実工芸のアーティストの家。スパイス工場、紅茶の工場、仏像や宝石、家具の店など見て歩く。頭に塗ると毛によく、目にもきくココナッツオイル。レモングラスの虫除けスプレー、サンダルウッドのしみしわ対策の顔用オイルなど。けっこう買ってしまう。

昼食はベジタブルライス。鳥のカレー、エビのカレー。ビール。

午後はキャンディにいく。シンハラ王朝の都。このままコロンボに行って泊まった方がいいと運転手のラクシュミはいう、自分もコロンボに家があるからそういうのだろう。明日、またキャンディまで来るのがたいへん。

ベントータ・ビーチ・ホテル

泊まったゲストハウスは安宿だが清潔で、雨が上がった後のきらきらした光が最高。運転手は九時にちゃんと迎えに来た。工学院大学理事長の後藤さんは忙しいのでここで日本に帰る。私たちはそこからコロンボを通ってシンハラジャの世界遺産の森までがたいへん。途中で東京大学山本先生の大学院に今度入るパビットラさんをピックアップ。着いたのが一時過ぎ、ジープに乗り換え、また一時間するとゲート。さらにジープでゴトゴト道を上がり、そこからまた一時間半歩いた。夕食を終えホテルについたのは夜九時頃。

ここは「ベントータ・ビーチ・ホテル」といって同じくジェフリー・バワの設計だ。一九六九年ころに建設され、スリランカの歴史と風土を細やかに表現してすばらしい。いままで男性たちが相部屋で、私一人で部屋を占有してきたが、今夜からはパピさんと同室。

彼女はキャンディの大学を出て、木材会社に勤めた。普通は月給四万五千円だが、四万三千円であまりよくない。スリランカの大学進学率は五%、女性は大学に五〇パーセント以上いるがだいたい、家庭に入ってしまう。秋からアジア開発銀行のプログラムで東大に留学するが、日本語はまったくできないという。

それじゃ困るでしょと私は部屋にあったメモ用紙に必要な二十くらいの言葉を書いて教えると、すぐに覚えた。ありがとう、こんにちは、おはよう、さようなら、ごめんなさい、どうぞ、大丈夫、いくら？ 高い、安い……。でも日本はふっかけないから値切らないで現金正価で買うことね。

堂々としているし、あまり怖じけずに、でも親切に私の写真を撮ってくれようとしたり、部屋では邪魔したという自覚があるのか、隅っこが好きなの、と私にキングサイズのベッドを譲ってエクストラベッドで寝たり、紅茶やコーヒーを淹れてくれたりする。

ジェフリー・バワの別荘へ

今日は十一時までお休み。山本さんとパピさんは森に行った。

私たちは近くにジェフリー・バワの別荘「ルヌガンガ」があると知り、車で行く。ゴム農園の中にある白い壁に赤い屋根の家。これまた陰影に富んだ美しく、ユニークな別荘だった。床は白と黒の斜めの市松模様、素材も調度品も、彫刻も全て考えぬかれているが、落ちついていて緊張感をもたらさない。バワが友人たちと週末を過ごした家である。

この日は私たちはゴールという古い町の「ジェットウィング・ライトハウス」（一九九七年）というこれまたバワ設計のホテルに泊まった。これは最晩年の設計でインド洋を臨み、ライトハウスの名は「白い灯台」をさす。海に向かうレストランも開放的で、おりからの風で、料理が飛ばないか心配になるほどだった。

スリランカは西岸と東岸でまったく天気が違う。バワのホテルを味わうには、それぞれ二、三泊ずつしたい。またきっと来たい国である。

シーギリヤロック

シーギリヤロックの頂上にて

あとがき

二〇〇一年、平凡社から『アジア四十雀』という本を出した。それは私が四十代になって、やっと子供を置いて海外に出かけられるようになった解放の本だった。二十年間、パスポートも持たず、外国に出られなかった私は、やみつきになって、その後も海外の旅を続けた。『アジア四十雀』の次は『アジア五十肩』を出そうか、などと冗談を言っているうち、あっという間に二十数年、はや六十代も残り少ない。

本書は編集者佐々木勇志さんの「そろそろ海外に行きたい人も増えてきたようです」という一言からできたものだ。私も二〇二〇年一月にエチオピアに出かけてから、コロナ猖獗の間、どこにも行かなかった。パスポートさえ持っていれば、気軽にどこでもすぐ行けた時代は何だったんだろう。

これらの文章のほとんどは日記がわりの自分宛のメールから起こした。それをつなげた旅日記のようなものである。中にはブログに載せたものもあるが、ほとんど公開されていない。政治、経済、言語、文化などの詳しいことはそれぞれの専門家にお任せしたい。私は行く先々でふつうの人々の暮らしを見てきた。ふつうの人々と話してきた。旅行ガイドには、名所、デラックスホテル、ショッピング、アクティビティなどが目白押しだが、私はほとんど関心がない。市場に行き、町の食堂で食べ、なるべくこぢんまりした宿に泊まった。

本を編む作業を私は楽しんだ。旅先で出会った人々が今、どうしているかな、と思う。ことに雨傘革命の起こった香港や軍政に戻ったミャンマーなどの政治的激動は気にしてきた。夕食に懐かしいタイスキやキムチチゲ、魚の清蒸、ちまきを作ったりした。楽しんでいただければ幸いである。時々の旅の仲間と、本を作ってくれた佐々木さんに感謝する。

また、いつか、どこかに行きましょう。

二〇二二年十二月　森まゆみ

森まゆみ（もり・まゆみ）

1954年東京生まれ。作家。早稲田大学政治経済学部卒業。1984年に友人らと東京で地域雑誌『谷中・根津・千駄木』を創刊、2009年の終刊まで編集人を務めた。歴史的建造物の保存活動にも取り組み、日本建築学会文化賞、サントリー地域文化賞を受賞。著書は『鷗外の坂』〔芸術選奨文部大臣新人賞〕『「即興詩人」のイタリア』〔JTB紀行文学大賞〕『「青鞜」の冒険』〔紫式部文学賞〕など多数。「わたしの旅ブックスシリーズ」（産業編集センター）として『用事のない旅』『会いにゆく旅』『本とあるく旅』『海恋紀行』がある。

わたしの旅ブックス

043

アジア多情食堂

2023年2月15日　第1刷発行

著者――――――森まゆみ

デザイン――――松田行正＋杉本聖士

編集――――――佐々木勇志

発行所―――――株式会社産業編集センター
〒112-0011
東京都文京区千石4-39-17
TEL 03-5395-6133　FAX 03-5395-5320
https://www.shc.co.jp/book

印刷・製本 ―――株式会社シナノパブリッシングプレス

ISBN978-4-86311353-4